LES CHEMINS DE FER NÉERLANDAIS.

—

LETTRE

A SON EXCELLENCE MONSIEUR LE MINISTRE DES FINANCES,

(OCTOBRE 1857)

par **M. de Brouwer de Hogendorp.**

> Qui veut faire de grandes choses ne doit
> pas redouter de grandes résolutions, et
> s'effrayer de grands sacrifices.
> M. LE COMTE DARU

LA HAYE,
T. C. B. TEN HAGEN.
1858.

LES CHEMINS DE FER NÉERLANDAIS.

LES CHEMINS DE FER NÉERLANDAIS.

LETTRE

A SON EXCELLENCE MONSIEUR LE MINISTRE DES FINANCES.

(Octobre 1857)

M. de Brouwer de Hogendorp.

> Qui veut faire de grandes choses ne doit
> pas redouter de grandes résolutions, et
> s'effrayer de grands sacrifices.
> M. LE COMTE DARU.

LA HAYE,

T. C. B. TEN HAGEN.

1858.

Les conseils de quelques amis me décident à publier ce petit travail. Ce n'est pas que, comme eux, je le croie propre à jeter du jour sur la difficile question de l'établissement des chemins de fer. — Ecrit, il y a un an, alors que la situation était tout différente, il n'a même plus le mérite de l'actualité, et les propositions, qu'il a pour objet de défendre, ne seraient plus admissibles aujourd'hui. — Mais j'ai pensé que, à défaut d'autre mérite, il aura au moins, aux yeux du public, celui d'expliquer la position que j'ai prise vis-à-vis la concession Sloet-Reuchlin.

J'ai eu l'honneur d'adresser deux lettres à M. Vrolik : la première avait un caractère officiel; c'est celle que je livre à la publicité. Elle fut rédigée à la suite des conférences verbales que j'avais eues avec le Ministre des Finances concernant la question des chemins de fer. Je lui portai mon travail au commencement du mois d'octobre. La seconde avait un caractère privé et confidentiel. Elle avait pour objet la réfutation de certaines objections qui avaient été soulevées au Département de l'Intérieur contre ma première lettre. J'y mis plus soigneusement en lumière les propositions que je savais avoir été combattues. J'ai intercalé ces développements dans le présent travail.

La crise ministérielle du mois de mars empêcha, sans doute, l'ancien cabinet de donner suite à l'offre que j'avais faite, officieusement, de former une compagnie nationale sur la base des conditions formulées dans ma lettre. Après la formation du cabinet actuel, je n'entendis plus parler de mon mémoire ni de mes propositions; seulement, sur ma demande de me concéder la ligne d'Arnhem, par Zutphen, à la frontière d'Allemagne et sur ma déclaration que j'étais prêt à me charger de l'établissement du chemin de fer du Nord, M. le Ministre de l'Intérieur me fit connaître que des négociations étaient ouvertes avec d'autres.

Je n'ai pas le droit de rechercher les motifs qui ont empêché le Gouvernement de traiter avec moi, alors qu'il m'exprimait le désir de me voir prêter mon concours à la concession Sloet-Reuchlin. Mais quels que puissent être ces motifs, ce n'est assurément pas ma qualité d'étranger. — C'est là un préjugé mesquin que peut exploiter un misérable pamphlétaire, mais devant lequel ne s'abaisse pas le Gouvernement d'une nation généreuse. — Ce n'est pas non plus le doute sur la solidité de mes offres: le Gouvernement savait que j'ai soumissionné, en 1856, l'établissement du grand réseau russe pour compte d'une association puissante, et ma demande en concession du chemin de fer Néerlando-Hanovrien, par Zutphen, était accompagnée de l'engagement pris par une grande maison de banque d'en fournir les moyens d'exécution.

Schéveningue, septembre 1858.

Lettre à Son Excellence Monsieur le Ministre des Finances.

Monsieur le Ministre,

Le Gouvernement du Roi a résolu de doter la Néerlande d'un réseau complet de chemins de fer. Il recherche les moyens les plus propres pour arriver, sûrement et promptement, à la réalisation d'une œuvre à laquelle se rattachent de si grands intérêts. Vous avez bien voulu me permettre de vous faire connaître mes idées. L'écrit qui j'ai l'honneur de soumettre à Votre Excellence n'est qu'une ébauche très-imparfaite. Le temps m'a manqué pour aborder le problème sous toutes ses faces; j'ai dû me borner à un examen rapide de quelques questions principales.

La première question qui se présente est celle du mode d'exécution.

L'exécution, par les soins et aux frais exclusifs de l'État, est repoussée, à juste titre, par le Gouvernement. Ce système présente, surtout dans un pays placé sous le régime parlementaire, de nombreux et grands inconvénients. Il est de tous les modes d'exécution de travaux longs et coûteux, le mode plus lent et le plus dispendieux.

La création des chemins de fer, par l'action exclusive de l'industrie privée, a donné lieu à bien des mécomptes.

Il ne faut pas s'étonner de ce résultat: non seulement l'esprit d'industrialisme est peu développé en Hollande; mais les produits des chemins de fer existants ne sont pas de nature à donner de la confiance aux capitalistes.

Au surplus, quels sont les pays où la puissance créatrice des compagnies a été assez grande pour rendre l'intervention de l'Etat inutile? Quel est le gouvernement qui n'a pas dû aider et encourager l'industrie privée?

L'Angleterre elle-même, ce pays où l'esprit d'association a reçu, depuis longtemps, un développement si considérable, n'a-t-elle pas été obligée de donner son appui financier à l'établissement du chemin de fer de Manchester à Liverpool? Le Parlement anglais n'a-t-il pas voté des sommes considérables pour favoriser la construction des chemins de fer d'Irlande?

Quant au pays où l'esprit d'association a créé de si grandes merveilles, — je veux parler des Etats-Unis —, n'est-ce pas grâce au secours prêté par les Gouvernements des divers Etats que le territoire américain est sillonné, aujourd'hui, dans tous les sens, de voies ferrées?

Si la France est en possession d'un réseau qui, au commencement de cette année, était en exploitation sur une étendue de 6,500 kilomètres, elle ne doit, sans contredit, ce bienfait qu'au concours financier que l'Etat a prêté, sous des formes diverses, aux compagnies. En juin 1855, les subventions de l'Etat et des localités ne s'élevaient pas à moins de 952,502,711 francs et

3

le montant des intérêts annuels garantis atteignait le chiffre
de 61,302,800 francs. En Prusse, il a fallu l'appui financier du
Gouvernement pour la construction des lignes principales. Il a
fallu une garantie d'intérêt pour trouver des concessionnaires
sérieux consentant à entreprendre l'établissement des chemins
de fer de Cologne à Minden et de Breslau à la frontière d'Au-
triche, qui donnent, en ce moment, le premier, $9^1/_4$, le second,
$10^3/_4$ p. c. de revenu.

La Belgique, enfin, a dû, pour compléter son réseau, avoir
recours au même système : ni le chemin de fer de l'Entre-Sam-
bre-et-Meuse, ni celui du Luxembourg, ni celui de Louvain
à Charleroy, qui devaient être exécutés sans subvention d'aucun
genre, n'ont pu être achevés avec les seuls moyens d'action des
compagnies. Pour mettre les concessionnaires à même de remplir
leurs engagements, l'État a dû venir à leur secours, par une
garantie de minimum d'intérêt de 4 p. c. Si quelques lignes en
Belgique ont été créées par l'action exclusive des compagnies,
c'est l'exception ; le plus grand nombre doit son existence au
concours simultané des deux forces réunies, l'esprit d'association et le crédit public.

Si l'esprit d'association s'est montré trop faible ailleurs, comment aurait-il été plus puissant ici, où les travaux de chemins
de fer excitent moins la spéculation que dans les pays que je
viens de nommer ?

Il est vrai que les concessionnaires ne comptaient pas sur les
capitaux néerlandais. Mais comment pouvaient-ils se flatter de
trouver, ailleurs, des capitaux consentant à venir s'enfouir en
terrassements et en travaux d'art en Hollande, sans y être en-
couragés par l'appât d'une rémunération au moins aussi grande
que celle qui leur était offerte de tant de côtés ? Dans des temps
de vertige, il est possible de trouver, soit à Londres soit à Paris,

des souscripteurs pour une entreprise quelconque; les spécu-
lateurs ne raisonnent pas alors : ils jouent sur des éventualités;
ils prennent des actions uniquement dans l'espoir de. les reven-
dre avec prime. Mais il ne suffit pas d'avoir des actionnaires; il
faut des versements, et les versements font le plus souvent
défaut. Aussi, ces fureurs de l'agiotage parviennent rarement
à fonder quelque chose.

En présence donc de la légitime répugnance du Gouvernement à se charger de l'établissement des chemins de fer, aux
frais exclusifs de l'Etat, et de la vanité des efforts qui ont été
tentés pour arriver à la création de sociétés financières sérieuses, se chargeant d'établir, à leurs risques et périls, sans le concours du trésor, les voies de communication que les populations attendent avec une si vive impatience, il ne reste qu'à
appliquer le moyen auquel, dans des circonstances semblables,
d'autres gouvernements ont eu recours et qui leur a bien réussi,
à savoir une intervention financière du trésor, venant encourager
et soutenir l'esprit de spéculation.

Telle est aussi la pensée du Gouvernement, exprimée dans le
mémoire à l'appui du projet de loi présenté aux chambres, le 10
juillet dernier, et, plus récemment, dans le discours du Trône.

Mais quel est le mode d'intervention financière qu'il importe
d'adopter ; car le concours de l'Etat peut revêtir diverses formes? Voilà ce que nous avons à examiner.

De ce que tel mode, appliqué dans tel pays et dans telles circonstances, aura donné de bons résultats, il ne faut pas conclure
qu'il puisse être employé utilement ailleurs. Le remède n'agira
avec efficacité que s'il est approprié au mal qu'il s'agit de combattre. Il faut donc se livrer à un examen sérieux des faits et des
circonstances. Si l'industrie privé s'abstient, si les capitaux sont
timides, il faut rechercher les motifs de l'abstention des com-

pagnies, de la timidité des capitalistes. On ne fait quelque chose de réellement utile qu'à cette condition, parce que c'est le moyen unique d'agir sur les causes du mal.

L'intervention du trésor revêt, comme je viens de le dire, diverses formes : tantôt l'Etat vient en aide aux compagnies par des prêts, tantôt par la prise d'actions, tantôt par des subventions en argent ou en travaux, tantôt enfin par une garantie d'intérêt.

Tous ces modes ont leur utilité, suivant les circonstances et suivant la disposition des esprits.

Le prêt est le mode de concours le moins efficace. Il n'a son utilité que lorsqu'il est appliqué à des compagnies déjà formées, qui n'ont pu réunir tout le capital d'actions nécessaire à leur entreprise, ou dont les ressources se sont épuisées avant l'achèvement des travaux.

Le prêt ne provoque pas la formation des compagnies ; car il ne donne aux capitaux ni confiance ni courage.

Il n'a cette qualité que lorsqu'il est promis d'avance et qu'il porte un intérêt très-modéré, ou qu'une primauté de tant pour cent est accordée aux actionnaires. Il produit, dans ce cas, ce que pourrait produire une subvention en argent, et il en prend le caractère.

Cependant, alors même que le prêt est consenti à un intérêt très-modéré, il n'agit qu'avec peu de puissance comme appui moral. En effet, on comprend qu'à moins d'être fait sous condition que les actionnaires toucheront une partie des revenus, avant que l'Etat ait droit au payement de l'intérêt et de l'amortissement de ses avances, le prêt peut, dans certains cas, rendre la position des actionnaires très-fâcheuse.

Pour que cette forme d'intervention du trésor agisse avec efficacité, comme moyen d'encouragement, il est nécessaire que le public croie aux produits des chemins de fer. C'est dire que je ne pense pas que le prêt soit applicable dans les circonstances présentes.

La France a appliqué le système de prêts sur une assez grande échelle : 58,600,000 francs ont été répartis, de 1837 à 1842. entre sept compagnies. Mais si ce mode d'intervention a mis fin à la détresse dans laquelle ces compagnies se trouvaient, s'il a rendu possible l'établissement de quelques lignes, il a été complétement inefficace pour conduire la France au but qu'elle se proposait. La France n'est parvenue à réparer le temps perdu et à imprimer un développement, vraiment sérieux, à ses chemins de fer que par des moyens d'encouragement beaucoup plus énergiques.

Les prêts consentis portaient, pour les chemins de fer du Gard, de Paris à Rouen, de Rouen au Hâvre et de Montereau à Troyes, c'est à dire pour un ensemble de 59 millions de francs, un intérêt de 3 p. c. seulement ; pour les chemins de fer de Versailles (rive ganche), de Strasbourg à Bâle et d'Andresieux à Roanne, l'intérêt était fixé à 4 p. c.

Un autre mode de secours, c'est la prise, par le Gouvernement, d'un certain nombre d'actions, soit qu'il stipule un partage égal des bénéfices avec les autres intéressés, soit qu'il consente à leur laisser prélever un revenu de tant pour cent.

Le mode de prise d'actions est très-usité aux Etats-Unis et a souvent été appliqué en Allemagne. C'est un des moyens que la Prusse a employés pour aider à l'établissement du chemin de fer de Cologne à Minden. La Prusse est intervenue, dans cette entreprise, par une souscription d'actions jusqu'à concurrence de 1,860,000 thalers. C'est par le même moyen que le Gouvernement hanovrien a consenti à soutenir le projet d'un chemin de fer de Zevenaar à Rheine. La Belgique y a eu recours pour faciliter la construction du chemin de fer Rhénan. L'Espagne l'a appliqué, en le combinant, comme la Prusse, avec la garantie d'intérêts.

Faite aux mêmes conditions que celle des autres associés, la souscription de l'Etat est un procédé utile, dans le cas où le crédit privé n'a pas fourni tout le capital nécessaire à l'entreprise.

Faite sous condition que les autres actionnaires primeront l'Etat, jusqu'à concurrence d'un revenu déterminé, elle est considérée comme un moyen très efficace pour vaincre la timidité des capitalistes et pour les engager à aborder une entreprise dont le revenu net ne leur semble pas assez assuré; mais le succès du moyen dépend de circonstances spéciales, du montant de la souscription de l'Etat, de l'opinion des capitalistes concernant le produit probable du chemin de fer, du taux de l'intérêt que l'Etat consent à laisser prélever par les actionnaires.

Outre l'incertitude de la réussite, il y a la charge plus grande, imposée par l'application de ce mode au trésor, que par d'autres moyens d'intervention que je passerai en revue plus loin. La prise d'actions, avec priorité pour les autres intéressés, est une combinaison de la subvention et de la garantie d'intérêt. Dans un pays, où la timidité des capitalistes est grande et où il y a manque de confiance dans les résultats financiers des chemins de fer, elle doit être poussée très-loin, si l'on veut qu'elle conduise sûrement au but. Or, pour faire cesser la timidité des capitaux et faire naître la confiance, la garantie d'intérêt suffit d'ordinaire; la subvention alors est de trop; car c'est le crédit qui manque et non l'argent.

Quant au système de subventions, j'ai déjà dit qu'on en a fait une large application en France. Au 31 décembre 1847, les subventions accordées par l'Etat, soit en travaux dont il n'a pas exigé le remboursement, soit en argent, étaient représentées, déduction faite des engagements qui se rapportaient aux concessions abandonnées ou frappées de déchéance, par plus de 130,000 francs par kilomètre; au 30 juin 1850, elles s'étaient élevées à plus de 140,000 francs par kilomètre; au 30 juin 1855, l'ensemble des lignes, entrant en partage des subventions de l'Etat et des localités, avaient une étendue de 11,496 kilomètres et le montant des subventions, par kilomètre, était de 81,098 francs.

C'est la loi du 11 juin 1842 qui inaugura le système. Son adoption coûta, par an, au trésor, de 1842 à 1847, en moyenne 46,400,000 francs et, de 1848 à 1851, 75,000,000 de francs; il a continué d'opérer dans les années suivantes et, quoique l'Etat soit débarrassé de ses plus lourdes charges, le système n'a pas cessé encore d'imposer de grands sacrifices au trésor.

J'entre dans ces détails, pour qu'on comprenne bien que venir en aide aux compagnies par des subventions est un mode de concours très-onéreux pour le trésor et qu'il est sage de bien calculer, d'avance, ce que son application doit coûter, afin que, plus tard, au milieu des nécessités du budget, on ne soit pas arrêté faute d'argent.

La subvention peut être donnée soit en argent, soit en nature; elle peut être accordée soit à titre de prime, soit sous condition d'une réduction de la durée de la concession ou d'un abaissement du prix de transport, en retour des sommes fournies par le trésor. Elle peut être donnée aussi sous condition d'une redevance éventuelle, à payer par la compagnie et à prendre sur le surplus du produit net de tant pour cent du capital de premier établissement.

Il est certain que si l'Etat désire la construction d'un chemin de fer qui est reconnu ne pas pouvoir donner un produit proportionné au capital nécessaire à sa construction, la subvention est le moyen le plus propre, sinon le moyen unique, de s'assu-

rer l'aide de l'industrie privée. Ainsi, par exemple, si l'établissement de grands travaux d'art doit entraîner des dépenses qui ne
pourraient être couvertes par le produit présumé de la ligne,
il est nécessaire que le Gouvernement vienne, par sa mise de
fonds, réduire les dépenses de la compagnie à une limite qui
laisse à l'entreprise des chances de succès, puisque ces chances
sont la condition première du concours du crédit privé.

C'est pour ces cas que la subvention, soit en argent, soit en
travaux, doit être spécialement réservée.

L'application du système donne lieu, d'ailleurs, à des difficultés. En effet rien n'est plus difficile que de déterminer, d'une
manière tant soit peu exacte, la quotité du capital à fournir
par l'Etat. Le Gouvernement n'a pas de bases sur lesquelles il
puisse asseoir son appréciation. La prime qu'il offre ou qu'on
lui demande est-elle en rapport avec les chances de l'entreprise?
Il n'en sait rien et il est condamné à donner, dans une certaine
mesure, en aveugle. On reconnaît que le trafic ne sera pas assez
grand pour que le revenu soit proportionné aux dépenses que
l'établissement de la ligne occasionnera; mais on ne peut pas
calculer ce revenu d'une manière certaine. La subvention peut
donc être trop forte, ou elle peut être insuffisante. L'une et
l'autre éventualité présentent des inconvénients.

Si la subvention est trop forte, il y a un dommage pour le trésor, que ne compensent par les bénéfices indirects que l'établissement du chemin de fer lui procure, puisque ces bénéfices
devaient lui revenir dans tous les cas; si elle est trop faible,
elle rend l'entreprise mauvaise, ce qui est un mal beaucoup
plus grand, puisqu'il fait naître ou augmenter la défiance des
capitaux, jette le discrédit sur la formation de spéculations
semblables et devient, par conséquent, un obstacle au développement du réseau des chemins de fer.

On a proposé d'obvier, aux inconvénients que je viens de signaler, par l'adjudication des concessions. Les compagnies, dit-on, savent le mieux à quelles conditions l'entreprise peut être réalisée, et la concurrence est une garantie pour le trésor. D'après cette combinaison, les chemins de fer, auxquels le Gouvernement aurait décidé d'accorder une subvention, seraient concédés aux capitalistes qui demanderaient le moins de sacrifices à l'Etat. Je pense que le Gouvernement doit se défier d'un pareil système, qui a la conséquence fâcheuse de lui ôter le choix des hommes auxquels les concessions seront faites. En effet, le Gouvernement devra toujours donner la préférence à la soumission la plus basse, afin de mettre sa responsabilité à couvert ; les luttes animées de l'esprit de parti, sous le régime parlementaire, lui commandent cette prudence ; et cependant le choix des hommes, la confiance que leur puissance financière, leur habileté, leurs capacités inspirent, sont des éléments indispensables de succès. En outre, l'application du système fait naître, entre les demandeurs de concessions, une concurrence dans laquelle l'emporte, le plus souvent, le spéculateur le moins sérieux, le moins capable de conduire l'entreprise à bonne fin. Où est, au surplus, la garantie que, parce que ceux avec lesquels on aura traité sont d'avis que la subvention accordée par le trésor est suffisante, cette bonne opinion sera confirmée par le public ? Le financier, quelque puissant qu'il soit, ne puise pas, dans sa caisse, les capitaux nécessaires pour l'établissement d'un chemin de fer ; c'est la confiance du public qui les lui fournit. Si le succès de l'opération semble douteux au public, celui-ci s'abstient et le marché doit être résilié. Le Gouvernement du grand-duché de Luxembourg a adopté le mode de subvention pour arriver à l'exécution de son réseau ; la subvention accordée a été jugée suffisante par les concessionnaires ; mais le public en a jugé autrement. Quelle est aujourd'hui la situation de cette entreprise?

Mais supposons que l'opération réussisse, que les actions soient placées, que le manque de confiance du public ne vienne que plus tard; n'y a-t-il pas un grand mal dans ce discrédit qui frappe les actions d'un chemin de fer? N'en résulte-t-il pas une dépréciation de toutes les spéculations semblables et l'Etat, en fin de compte, ne finit-il pas par porter la peine des fautes commises? Sans doute, on peut adopter le système des subventions tel qu'il a été admis en France; on peut l'appliquer indifféremment à toutes les lignes; on peut l'employer comme un moyen de partager les charges de la création des chemins de fer entre l'Etat et les compagnies lorsque les ressources du crédit privé sont insuffisantes; on peut l'employer aussi pour rendre la confiance aux capitaux; on peut alors stipuler des compensations pour l'Etat, une durée de concession moins longue, des tarifs plus bas, une participation dans les bénéfices. Mais si la timidité des capitaux est grande, s'il s'agit de combattre une défiance fortement enracinée, il faudra aller bien loin dans le système des subventions, la mise de fonds de l'Etat devra être bien forte, pour que ce mode d'intervention produise l'effet voulu.

Je crois donc que, dans des circonstances particulières, on peut se servir, exceptionnellement, de la subvention, mais que la prudence exige de ne pas en faire une règle générale.

Ce que je viens de dire se rapporte également au système de subvention annuelle. L'application de ce système, qui consiste dans l'allocation annuelle, par l'Etat, d'une prime déterminée, par kilomètre de chemin de fer mis en exploitation, et payable tous les ans, quel que soit le produit net de l'entreprise, n'est pas moins arbitraire par sa nature et dépourvue de bases certaines, pour la fixation équitable de la quotité du subside, que le mode de subvention, par lequel le trésor fournit une partie du capital de premier établissement.

A moins d'être très-forte, la subvention annuelle ne détruit pas assez chez le public la crainte des mauvaises chances, pour que, dans des moments de défiance et de timidité des capitaux, elle opère avec quelques succès. Pour donner de la hardiesse, la prime devrait représenter un taux d'intérêt assez élevé, et, comme l'Etat aurait à la payer dans tous les cas, quel que fût le produit des chemins de fer, elle serait bien plus onéreuse au trésor que la garantie d'intérêt. Elle n'est applicable qu'aux mauvaises lignes. Elle pourrait être appliquée aussi, — mais seulement dans des circonstances où l'action de l'industrie privée n'est pas troublée —, pour pousser à l'établissement de lignes dont les recettes seront faibles dans le début, mais suffisantes après quelques années d'exploitation.

Employée dans ces circonstances, la subvention annuelle peut produire un effet moral, égal à celui que produirait la garantie d'intérêts, et a l'avantage, sur celle-ci, de permettre à l'Etat de savoir, d'avance, d'une manière précise, le montant du sacrifice qu'il fait. Sans doute, cet avantage est grand ; mais, je le répète, dans un moment où le public ne croit pas assez aux produits des chemins de fer, la subvention annuelle, à moins d'atteindre un chiffre élevé, serait un moyen complétement inefficace.

J'arrive maintenant au dernier mode de concours financier que l'Etat peut accorder, à savoir la garantie d'intérêts.

La garantie d'intérêts est le moyen le plus puissant par lequel l'Etat puisse venir en aide aux compagnies ; c'est, en même temps, le mode d'intervention qui, si l'on en écarte les abus auxquels malheureusement il se prête, est le moins onéreux au trésor et le plus équitable.

Pour caractériser ce système, je ne crois pouvoir mieux faire que de mettre sous les yeux de Votre Excellence l'appréciation qu'en faisait, en 1842, un pair de France, M. le comte Daru, dont l'autorité en matière de chemins de fer est si grande.

La confiance dans les spéculations des chemins de fer était ébranlée en France. Cependant le pays sentait le besoin de ne pas rester en arrière des autres nations; il lui fallait des voies ferrées; tout le monde était d'accord sur ce point ; car il s'agissait de la prospérité publique de la France, de sa puissance commerciale, du rang qu'elle occupe en Europe. Mais quel était le moyen le plus propre pour reprendre l'œuvre interrompue, pour faire renaître la confiance? Les meilleurs esprits étaient partagés sur cette question. Voici ce que disait, à ce propos, M. Daru de la garantie d'intérêt :

« Nous pensons, disait-il, qu'en thèse générale, pour les chemins de fer destinés à donner de bons produits, la garantie d'intérêt est le mode de concours le moins onéreux pour le trésor. »

« En effet, des compagnies avec lesquelles on traiterait sur cette base et dans cette hypothèse, n'ont ou n'auront, selon toute apparence, aucun besoin de recourir au crédit de l'Etat. C'est un appui moral et non un appui matériel qui leur serait donné. »

« La garantie d'intérêt appliquée aux lignes moins fructueuses a d'ailleurs pour effet, comme on l'a démontré avec raison, de limiter les pertes des associés, de préserver les compagnies d'une ruine complète, ce qui est juste, lorsque les travaux par elles créés sont d'utilité publique, et profitent à tout le monde. En tous cas, un secours échelonné avec le temps, variable, proportionné aux gains, nous paraît plus sensé, plus moral, qu'une allocation de fonds pure et simple, prêt ou subvention, sans rapport avec les chances plus ou moins fâcheuses des concessionnaires. D'une part, on offre ou on donne à l'aveugle, de l'autre, on promet un secours éventuel, modéré, comme il appartient en un mot de le faire, à un Gouvernement, qui retrouve, sous des formes diverses, des produits certains résultant de la création des voies nouvelles. »

« Enfin, nous ferons remarquer que la garantie d'intérêt est le remède le plus efficace que l'on puisse appliquer au mal qui nous travaille. Ce mal, nous l'avons déjà dit, c'est le manque de confiance. C'est l'incertitude des produits qui préoccupe. Si de grandes lignes de chemins de fer déjà créées, comme celles de Manchester à Liverpool, ou de Birmingham à Londres, donnaient annuellement 10 p. c. de revenus, les capitaux seraient plus hardis. Donc, offrir à la spéculation un placement sage, qui ne peut que gagner avec le temps, et qui ne peut pas diminuer, une spéculation dans laquelle la mise de fonds est assurée, c'est agir directement sur la cause principale du mal dont nous souffrons; c'est remplir la condition première et indispensable à la réunion des capitaux, l'établissement d'un revenu. Aucun homme sérieux ne sera encouragé à mettre son épargne dans une opération d'un succès douteux, par cela seul que l'Etat, intervenant comme prêteur ou comme donateur, aura pris sa part de chances de l'entreprise. Tout homme sérieux, au contraire, voyant ses pertes limitées, ses chances de gain possibles ou probables, sera disposé à la confiance. La garantie d'intérêt nous semble donc, à tout prendre, le système le plus économique, le plus moral, le plus efficace, le moins lourd pour le trésor, et enfin le plus juste, par cela même qu'il renvoie les charges à une époque où le pays et le trésor auront profité des travaux. »

Il suffit de considérer dans quelle proportion l'esprit d'association, agissant sous l'influence du système de la garantie d'intérêt, a pris part à la création du réseau français, pour comprendre combien M. Daru avait raison de signaler ce mode comme le pius efficace à faire cesser le manque de confiance et l'hésitation des capitaux.

Appliqué jusqu'en 1842 à un seul cas, au chemin de fer de Paris à Orléans, la garantie d'intérêt a été étendue, depuis lors jusqu'au 50 juin 1855, à un ensemble de 8,559 kilomètres de voies de fer. Les garanties consenties représentaient, à cette époque, une annuité de 61,502,800 francs, portant sur un capital de 1,554,745,000 francs et le montant de l'annuité était, en moyenne, de 7,551 francs par kilomètre.

La garantie d'intérêt donne lieu à des objections. Une des plus graves conséquences du système est formulée de la manière suivante :

La garantie d'intérêt est, dit-on, un mode de concours qui doit, infailliblement, devenir onéreux pour les finances de l'Etat. En effet, la garantie d'intérêt est promise afin d'engager le public à entrer dans une spéculation au succès de laquelle il ne croit pas. Or, du moment où une compagnie n'a pas foi dans l'avenir de son entreprise et qu'elle se sent couverte contre toute perte, l'absence du stimulant de l'intérêt privé fait naître l'indifférence des actionnaires, la mauvaise administration, le gaspillage, la dilapidation. Le Gouvernement se condamne donc, d'avance, à payer les fautes, l'incapacité, l'incurie, le mauvais vouloir de la compagnie, et il peut être certain que le sacrifice, à faire annuellement par le trésor, s'élevera à la presque totalité de l'annuité garantie.

Le seul moyen, ajoute-t-on, de prévenir ces suites fâcheuses de la garantie d'intérêt, c'est d'investir le Gouvernement du droit d'intervenir dans tous les actes de la compagnie, de surveiller et de contrôler incessamment toutes les parties du service. Cette intervention n'a pas seulement l'inconvénient de provoquer, inévitablement, chaque jour, des conflits, qui, par eux-mêmes, sont un obstacle au succès de l'entreprise ; mais elle coûte fort cher à l'Etat et a pour effet d'étendre, outre mesure le cercle des attributions gouvernementales.

Le système de garantie d'intérêt présente donc tous les inconvénients de l'exploitation par l'Etat, sans en avoir les avantages. L'action simultanée de l'autorité publique et des agents de la compagnie, dans la gestion de l'entreprise, ne permet pas d'imprimer à l'exploitation cette énergie et cette unité qui assurent le succès. Les risques que court le trésor sont plus grands que si le chemin de fer était construit et exploité à ses frais et pour son compte.

Il n'y a pas non plus de raison financière, qui doive engager le Gouvernement à donner la préférence au mode de construction des chemins de fer par l'industrie privée sur celui de la construction par l'Etat, puisque la garantie d'intérêt n'est, en réalité, qu'un emprunt déguisé, fait à un taux d'intérêt au moins aussi onéreux que si le trésor l'eût contracté directement.

Tel est le raisonnement auquel les adversaires de la garantie d'un minimum d'intérêt se livrent et qui est fondé, il faut le reconnaître, sur des faits réels, mais isolés. Je ne vois, pour ma part, dans ces faits autre chose que ce qui s'y trouve effectivement, c'est à dire la preuve d'une mauvaise application d'un bon principe.

D'abord, la garantie d'un minimum d'intérêt ne doit pas être appliquée à des lignes incontestablement mauvaises. S'il est reconnu qu'un chemin de fer ne peut produire, d'ici à longtemps, un revenu supérieur au minimum d'intérêt garanti, il faut ou que le Gouvernement se charge lui-même de sa construction ou qu'il donne à la compagnie qui, veut s'en charger, une subvention qui lui permette d'obtenir, après quelques années d'intelligente et économique exploitation, un revenu de ses capitaux supérieur à l'intérêt garanti par le trésor.

La garantie d'intérêt ne doit être appliquée, comme le dit M. Daru, qu'aux bonnes lignes; elle doit avoir surtout le caractère d'un appui moral et non d'un appui matériel. Cette dernière qualité est celle qui appartient à la subvention. Si une ligne est mauvaise, par suite de circonstances particulières relatives soit à la faiblesse présumée des produits, soit au coût d'exécution, il faut lui appliquer le système mixte de la subvention et de la garantie d'intérêt, comme on l'a fait en France et en Espagne, ou bien l'Etat doit se charger lui-même de sa construction.

Il importe ensuite que l'intérêt garanti ne soit pas trop élevé et que la garantie ne soit pas donnée pour une trop longue durée. Un intérêt trop élevé et l'assurance de jouir de cet intérêt, quels que soient les revenus de l'entreprise, pendant une durée excédant la vie moyenne, pourraient, en effet, produire l'indifférence des actionnaires et avoir, par conséquent, pour résultat tous les inconvénients que les adversaires de la garantie d'un minimum d'intérêt reprochent à ce mode d'intervention du trésor.

La garantie d'intérêt, — on ne saurait assez le répéter, — ne doit servir qu'à rendre les capitaux plus hardis. C'est une assurance qui leur est offerte contre les chances malheureuses de l'entreprise; elle leur promet que, quoi qu'il advienne, ils jouiront d'un intérêt modéré, et leur présente l'appât d'obtenir, si l'entreprise est bien gérée, une rémunération plus grande que celle qu'ils trouvent dans d'autres placements.

Je conclus de ce que je viens de dire que, si la garantie d'intérêt n'est appliquée qu'à des lignes qui promettent d'être suffisamment fructueuses après quelques années d'exploitation, si le taux de l'intérêt garanti n'atteint pas le maximum du revenu possible ou probable, et si la garantie n'est donnée que pour un temps limité, l'aiguillon de l'intérêt privé ne fait pas plus défaut aux compagnies formées sous ce régime, qu'à celles qui entreprennent la construction de chemins de fer sans subvention d'aucun genre.

J'en conclus encore qu'appliquée d'une manière rationnelle, la garantie n'exige pas une intervention constante de l'Etat dans les affaires de la compagnie. Assurément, le Gouvernement fera bien de prendre des mesures de précaution pour les cas d'abus où de faute; mais son action pourra se borner à une surveillance sévère, à un contrôle rigoureux, qui n'exigent pas l'emploi d'un personnel considérable et qui ne sont pas de nature à beaucoup étendre le cercle de ses attributions.

Veut-on, pour plus de sécurité, une ingérence de l'Etat dans l'administration de la compagnie, sans trop compromettre l'indépendance sociétaire, que le Gouvernement se réserve la nomination d'un des membres de la direction et la confirmation des agents principaux dont l'aptitude est essentielle pour le succès de l'entreprise. On ne saurait faire une objection sérieuse contre une pareille ingérence dont les bons effets sont prouvés par l'expérience qui en a été faite en Prusse.

Parce que le Gouvernement a consenti à prendre une mesure qui a pour effet d'assurer les associés contre une ruine complète, il n'y a pas de raison pour qu'il oblige l'administration du chemin de fer à marcher sous sa tutelle et sa discipline, puisqu'elle continue de gérer sous le stimulant énergique des gains probables. Il est certain que, pour tout ce qui concerne la bonne exploitation, le Gouvernement pourra, dans la plupart des cas, se reposer, sans trop de risque, sur la vigilance de l'intérêt privé des actionnaires, dont les instincts en ces matières sont plus clairvoyants que les yeux des agents de l'Etat.

Quant au reproche qu'on adresse à la garantie d'un minimum d'intérêt qu'elle n'est en réalité qu'un emprunt déguisé, ce reproche ne me semble pas fondé. La garantie d'intérêt ne prendrait le caractère d'un emprunt que si elle était consentie pour l'établissement d'une ligne tout-à-fait improductive et si elle était stipulée, si ce n'est à perpétuité, au moins pour cent ans, puisqu'au point de vue de l'amortissement, la durée centenaire ou perpétuelle est à peu près la même chose.

Il est une objection plus grave que l'on peut faire au mode ordinaire de garantie d'intérêt; c'est celle-ci :

Ce que l'Etat garantit, c'est le revenu net. Or il y a une difficulté très-grande à indiquer, avec précision, quelles sont les dépenses qui doivent être portées au compte de l'exploitation et quelles sont celles qui doivent être portées au compte de la construction. La pratique de chaque compagnie varie à cet égard et il est réellement très-difficile de tracer une limite bien distincte entre les deux espèces de dépenses. De là des conflits inévitables entre l'Etat et la compagnie, qui, aussi longtemps que le produit net du chemin de fer n'excède pas la quotité de l'intérêt garanti, est portée à imputer le plus de dépenses possibles sur le compte de l'exploitation, puisque ces dépenses tombent à la charge de l'Etat.

A ce premier inconvénient vient se joindre un second, non moins grave.

Aussi longtemps que les recettes sont faibles et que la compagnie peut venir puiser dans le trésor public jusqu'à concurrence de l'annuité garantie, sans limite pour ses dépenses d'exploitation, le gouvernement demeure exposé aux risques d'une exploitation coûteuse. Il est parfaitement indifférent à la compagnie que les frais d'exploitation s'élèvent à 60 ou à 80 p. c. des recettes brutes, puisque les dépenses, quelles qu'elles soient, sont portées par l'Etat et que les actionnaires n'en touchent pas moins le revenu que le trésor leur garantit. L'absence d'un terme, audelà duquel la compagnie reste chargée du poids de l'excédant des frais, l'entraine vers des dépenses inutiles ou frustratoires. La garantie absolue d'un revenu de tant pour cent détruit le stimulant qui lui aurait inspiré une sage économie.

Je crois que, puisque le mal est connu, le remède est facile à trouver. Il consiste à n'accorder la garantie que sous réserve que, dans le cas où le trésor aurait eu à compléter le produit jusqu'à concurrence de l'annuité garantie, il lui sera tenu compte de ses avances, lesquelles lui seront remboursées, avec les intérêts, sur les bénéfices futurs de l'entreprise excédant l'intérêt garanti.

On comprend que cette condition de remboursement, avec les intérêts des sommes avancées, est bien propre à maintenir le stimulant de l'intérêt privé, si la garantie est temporaire et si elle est appliquée à une ligne qui promet de donner, un jour, un revenu supérieur à l'intérêt garanti. Aussi, est-ce là la condition insérée dans tous les cahiers des charges français.

Mais si on pense que ce moyen n'est pas suffisant pour rassurer le trésor, on pourrait en adopter un autre, qui consiste dans une transformation de la garantie d'intérêt, soit en une garantie de recettes brutes (c'est la forme qui a été adoptée en Piémont), soit, ce que je crois plus avantageux à l'Etat et plus propre à atteindre le but, en un secours éventuel et temporaire que le trésor consentirait à donner, dans le cas où le surplus des recettes, après prélèvement de tant pour cent alloué à forfait pour frais d'exploitation, ne représenterait pas une somme égale à l'intérêt de tant pour cent du capital de premier établissement, le trésor consentant à suppléer le manquant jusqu'à concurrence de cette somme.

Faisons une hypothèse pour rendre saillants les effets de ce système.

Un chemin de fer a coûté fl. 100,000 par kilomètre; les recettes brutes s'élèvent par kilomètre à fl. 6500. Il a été arrêté d'avance que, dans le cas où la recette brute s'élèverait à fl. 6500, le rapport de la dépense à la recette serait de 54 p.c., c'est-à-dire que les dépenses d'exploitation seront fixées à forfait à fl. 5510 par kilom. Pour que les recettes nettes représentent un intérêt de 4 p. c. sur fl. 100,000, elles doivent s'élever à fl. 4000. Or, fl. 6500 de recettes brutes ne laissent plus, après déduction de fl. 5510 alloués à forfait pour frais d'exploitation, que fl. 2990; le trésor aura donc à suppléer fl. 1010 par kilomètre pour que les actionnaires, si l'administration est restée dans la limite des dépenses qui lui a été assignée, puissent toucher un intérêt de 4 p. c. sur leur mise de fonds.

Si, au contraire, on eût appliqué le mode ordinaire de garantie d'intérêt et si, par une cause quelconque, les frais d'exploitation se fussent élevés à 64 p. c., le trésor aurait dû suppléer fl. 1660.

On comprend combien la combinaison que je propose est propre à stimuler les efforts de l'intérêt privé. Or, il ne faut pas perdre de vue que ces efforts seront doublement utiles à l'Etat, d'abord parce qu'ils auront pour effet d'alléger ses charges, ensuite parce qu'ils augmenteront ses bénéfices indirects, puisque le but vers lequel tendra nécessairement l'administration de la compagnie, c'est une augmentation de recettes, qui ne peut être obtenue, à son tour, que par une augmentation dans la circulation. On peut être certain que tel sera l'objet des efforts des compagnies obligées d'exploiter moyennant un tantième des recettes brutes fixé à l'avance ; en effet, l'étude des résultats de l'exploitation des chemins de fer démontre que le moyen unique d'exploiter à bon marché, c'est d'augmenter la recette par un développement intelligent du trafic. Faibles recettes, grandes dépenses, est un axiome d'une vérité incontestable en matière d'exploitation de chemins de fer.

On m'a exprimé la crainte que les compagnies ne cherchent à réduire leurs dépenses par des mesures d'économie qui ne seraient pas compatibles avec un bon service. Cette crainte ne me semble pas fondée. Si une compagnie avait recours à ces moyens, contre lesquels l'Etat ne doit pas rester désarmé, elle se sentirait bientôt obligée, par la force des choses, à y renoncer car ces fausses mesures se répriment naturellement par les mauvais résultats qu'elles produisent. Une économie mal entendue trouve sa punition inévitable dans une dépense plus grande qu'elle traine toujours à sa suite,

J'ajoute que la combinaison dont je viens de parler est d'une grande simplicité et d'autant plus facilement applicable que l'Etat peut se borner à un simple rôle de surveillance 1).

---

1) L'idée d'un rapport de la dépense à la recette fixé d'avance se trouve énoncée dans un article du *Handelsblad* du 19 décembre 1857. Je l'avais indiquée à l'auteur comme un moyen propre à le faire réussir dans ses démarches en faveur du chemin de fer de Flessingue ; mais il l'avait si mal comprise qu'en la reprenant, pour son propre compte, il l'a confondue, de la manière la plus étrange, avec la garantie de recette brute. Het is mogelijk, dit-il, eene vaste verhouding aan te nemen tusschen de inkomsten en uitgaven. Geschiedt dit werkelijk, neemt men eene vaste verhouding aan van de kosten van exploitatie en administratie tot de bruto ontvangsten, dan wordt alle inmenging van den Staat bij waarborg van renten, voorkomen, iets wat men in het belang der ondernemingen niet te hoog achten kan. Er blijft dan wel eenige onzekerheid voor de actiehouders over, maar die onzekerheid is slechts schijnbaar, omdat men de ondervinding der spoorwegen, hier te lande en in den vreemde raadplegende, eene volkomen juiste verhouding kan vaststellen van de kosten van

25

J'aborde maintenant l'examen du meilleur mode d'intervention que le Gouvernement de Sa Majesté pourrait adopter pour
arriver à l'établissement des chemins de fer, avec le concours de
l'esprit d'association.

Les circonstances devant lesquelles se trouve le Gouvernement sont à peu près les mêmes que celles devant lesquelles
était placé le Gouvernement prussien en 1842.

La règle, suivie jusqu'à cette époque en Prusse, avait été la
construction et l'exploitation des chemins de fer par l'industrie
privée à ses risques et périls, sans le concours financier de l'Etat.
Ce système avait mis le pays en possession d'un certain nombre

---

exploitatie en administratie tot de bruto ontvangsten, bij voorbeeld voor de
eerste drie jaren . . . . 65 pCt.
    voor de volgende drie jaren . . . . 60 "
    voor de volgende drie jaren . . . . 55 "
    en verder . . . . 50 "
Bij welke verhouding het belang van den Staat en der actiehouders volkomen
zoude bevredigd zijn. — Tout est bien jusque là: c'était, à part les proportions, le mode que j'avais indiqué à l'auteur. Mais écoutez ses explications. —
Stellen wij nu, dit-il, dat de concessie Duhamel zich in de eerste jaren
bepaalde tot de hoofdlijnen over de lengte van 300 mijlen en bijv. daarvoor
een kapitaal wordt vereischt van . . . . ƒ 40,000,000
    eene subsidie wordt verleend van . . . . " 10,000,000
    zoo strekt de waarborg van renten over een kapitaal van . . " 30,000,000
bedragende ad 4 pCt. 1,200,000 of bij de hierboven aangenomen verhouding
van de uitgaven tot de inkomsten zou het rijk eene bruto ontvangst per Ned.
mijl waarborgen ten bedrage in de eerste drie jaren van . . . . ƒ 11,428
    de volgende drie jaren van . . . . " 10,000
    de volgende drie jaren van . . . . " 8,888
    en voor den verderen duur der concessie . . . . " 8,000
Die bruto ontvangst kan gemakkelijk verkregen worden, zoodat het rijk
door de waarborg niets dan eene zedelijke ondersteuning geeft, en aan de andere
zijde de Nederlandsche kapitalisten niet behoeven te vreezen, dat zij enkel aan
de roepstem van echt nationaal gevoel beantwoorden, om den rijkdom van
Nederland te ontwikkelen. . . . . . De gemiddelde opbrengst per Nederlandsche
mijl van de bekende spoorwegen, is dan ook ver boven het bedrag dat hier is
aangenomen.

de lignes, mais il n'avait pu lui donner un réseau complet. Plusieurs chemins, qui présentaient au plus haut degré le caractère de l'utilité générale et politique, n'avaient point trouvé des demandeurs en concession sérieux. On n'avait pas confiance dans l'avenir financier des chemins de fer; la plupart des entreprises avaient eu un résultat décourageant; les actions de presque toutes les compagnies étaient frappées de discrédit; la compagnie, qui d'abord avait demandé la concession du chemin de fer de Cologne à Minden, n'en voulait plus, à moins que l'Etat ne consentît à venir à son aide d'une manière très-efficace; la ligne de Francfort sur l'Oder à Breslau ne trouvait pas d'amateurs; il en était de même du chemin de fer de la Haute-Silésie. On considérait ces lignes comme devant être peu productives. Nous verrons plus tard ce que le Gouvernement a fait dans ces circonstances; nous avons déjà dit ce que sont devenus, entre les mains d'administrations intelligentes, ces chemins de fer tant méprisés.

La situation dans laquelle se trouve le Gouvernement néerlandais est identique. Les chemins de fer concédés sous le système de l'exécution par les compagnies, sans le secours du trésor, ont donné des produits qui ne sont pas en rapport avec les capitaux dépensés pour leur établissement. Ce résultat a fait naître un discrédit, qui a rejailli sur toutes les entreprises semblables. La public a mauvaise opinion des chemins de fer néerlandais; il ne croit pas que ses capitaux puissent trouver, dans cette sorte de placement, une rémunération suffisante. Dans sa défiance, le public s'abstient, et l'on comprend son abstention. Mais le Gouvernement a besoin, pour accomplir l'œuvre qu'il croit utile au développement de la prospérité générale, du concours de l'industrie privée; pour l'obtenir, il est nécessaire qu'il rassure les capitaux, qu'il les rende hardis, puisqu'ils ne consentiront à se retirer d'autres placements productifs, que quand ils auront confiance et qu'ils pourront espérer de trouver, dans le revenu des chemins de fer, un placement meilleur que celui qu'ils ont aujourd'hui. Voyons comment il obtiendra ce résultat.

Parmi les modes d'intervention financière de l'Etat que j'ai discutés, il en est deux, à savoir le prêt et la prise d'actions, qui ne s'approprient pas aux circonstances. Ces deux modes ne servent qu'à faire face à des éventualités qui ne se présentent pas ici. Ils ne servent pas à faire naître la confiance. Les seuls modes propres à atteindre ce but, ce sont la subvention, la garantie d'intérêt et le secours éventuel en cas d'insuffisance des recettes.

Le Gouvernement, dans le mémoire à l'appui du projet de loi présenté aux Etats-Généraux le 10 juillet dernier, semble donner la préférence au système de subvention.

A défaut de concessionnaires disposés à construire les chemins de fer à leurs risques et périls, le Gouvernement mettrait lui-même la main à l'œuvre et encouragerait l'industrie en commençant sa tâche, qu'il continuerait jusqu'au moment où des compagnies se présenteraient pour l'achever.

Cette idée ne diffère guère de celle qui avait dicté la loi française du 11 juin 1842; seulement le moyen proposé par le Gouvernement français était plus efficace: il consistait à faire exécuter les terrassements et les travaux d'art par l'Etat, et à laisser aux compagnies la charge de fournir les rails et le matériel de transport.

Assurément, si les compagnies ne se présentaient point ou si les conditions mises à leur concours étaient trop onéreuses, le Gouvernement, plutôt que de laisser le pays stationnaire au milieu du mouvement général, ferait bien de commencer lui-même la construction des chemins de fer, sauf à donner, plus tard, lorsqu'il trouverait à traiter, le tout ou une partie des travaux exécutés comme subvention aux concessionnaires. Mais est-ce un mode qui mérite la préférence sur tous les autres?

Je ne le crois pas; voici mes raisons :

D'abord, c'est un mode onéreux à deux points de vue : premièrement, parce qu'il exige l'emploi d'une somme considérable ; secondement, parce qu'à moins de se réserver un droit de participation dans les bénéfices de l'exploitation, — ce qui aura pour effet de rendre les négociations plus difficiles, — l'Etat reste à découvert de ses avances.

Mais quelle est la somme avec laquelle on atteindra le but? On ne saurait le dire ; on ne sait pas à quel point d'achèvement les travaux devront être arrivés, jusqu'où devra aller la mise de fonds de l'Etat, pour que l'esprit d'association ne craigne plus d'aborder l'entreprise. L'administration estime que les chemins de fer coûteront, en moyenne, fl. 129,000 par kilomètre. Quelle est la part de cette dépense à porter par l'Etat, pour que des compagnies consentent à se charger du reste? A en juger d'après le résultat qu'a eu la souscription pour les actions du chemin de fer de Zevenaar à Rheine, la subvention de l'Etat devra être bien forte. Le public savait qu'il entrerait en possession de ce chemin de fer, non compris le matériel roulant, au prix de fl. 60,000 par kilomètre ; de toutes les lignes à établir, c'était, de l'avis de tout le monde, celle dont les produits sont les plus certains; la Société de Commerce donnait l'exemple de la confiance ; et quel a été le chiffre des souscriptions recueillies à Amsterdam et à Rotterdam ? Ces souscriptions n'ont pas atteint la moitié du capital social. Sans l'assistance si bienveillante du Gouvernement hanovrien, sans le concours tout-à-fait exceptionnel de quelques villes et de quelques particuliers, à qui l'établissement du chemin de fer devait spécialement profiter, l'entreprise faisait naufrage. Il est donc très-probable que, pour que des concessionnaires sérieux abordent l'entreprise, l'Etat devra, au moyen de subventions, réduire le coût moyen au moins à fl. 70,000 par kilomètre. Est-on préparé à un pareil sacrifice?

Mais la difficulté ne gît pas seulement dans l'incertitude de la somme à dépenser par l'Etat et dans l'élévation du chiffre. Une fois que le Gouvernement aura résolu de mettre lui-même la main à l'œuvre, il se trouvera en lutte avec les intérêts locaux qui, quels qu'ils soient, auront, on peut en être sûr, des défenseurs ardents. Ce qui a eu lieu en France se reproduira certainement ici; non seulement on demandera la répartition la plus égale possible des lignes entre toutes les parties du pays; mais on voudra que tous les chemins de fer soient exécutés simultanément. En vain le Gouvernement sera décidé à résister à des prétentions aussi excessives, il sera emporté par les nécessités parlementaires.

Alors viendra la question de la dotation des chemins de fer. L'humble fonds, que l'on aura créé dans ce but, sera bientôt épuisé; il faudra donc augmenter les allocations, sous peine de suspendre brusquement les travaux ou au moins de prolonger, en présence de l'impatience surexcitée des populations, le terme fixé pour leur achèvement. Si la situation financière continue à être bonne, de nouvelles allocations pourront assurément être votées sans grande difficulté; mais où est le ministre ayant une croyance assez ferme dans la sécurité de l'avenir, pour oser entrer dans une voie qui l'expose à en engager d'avance les ressources?

On me dit que mes craintes sont exagérées, que quelques lignes trouveront des demandeurs en concession sans le concours financier du trésor; que, pour d'autres, il suffira que l'Etat se charge de l'exécution des travaux d'art exceptionnels; qu'il ne faut que le réveil de l'esprit de spéculation, une abon-

dance d'argent sur le marché, pour faire naître une concurrence entre les demandeurs en concession; qu'il s'agit donc seulement de savoir attendre le moment propice et d'utiliser le
temps, pendant lequel on restera dans l'attente, à faire les études
qui doivent précéder les travaux. L'intention du Gouvernement
n'irait donc pas, pour le moment, au-delà de la rédaction des
plans.

L'expérience du passé ne permet pas, ce me semble, d'espérer
qu'un pareil procédé amène de grands résultats. On trouvera,
peut-être, des demandeurs en concession ; on en trouve toujours;
mais on peut être sûr, d'avance, que le seul résultat que l'on
obtiendra, ce sera une nouvelle perte de temps et un avilisse-
ment encore plus grand des concessions néerlandaises. Il
faudra bien alors que le Gouvernement aille plus loin, qu'il
procède aux expropriations, qu'il passe des marchés pour l'exécution partielle des terrassements et des travaux d'art; et telle
est aussi l'intention qu'il exprime, en termes formels, dans le
mémoire à l'appui du projet de loi du 10 juillet : « De Regering
is van gevoelen, y est-il dit, dat in allen geval verder tijdverlies
moet worden voorgekomen, en dat, om dit oogmerk te berei-
ken, van 's Rijks wege met de voorbereidende werkzaamheden
moet worden aangevangen en zoo lang voortgegaan, tot dat zich
solide ondernemingen opdoen. » A quelle époque de l'avance-
ment des travaux ces compagnies solides se présenteront-elles ?
C'est là où est le doute et le danger.

Une subvention en argent ne me semble pas un mode plus
admissible que la subvention en travaux. La subvention, pour
agir efficacement, devrait être assez forte pour que les compagnies pussent croire à des bénéfices probables. Quel sera le
montant des subventions qu'il faudra accorder pour produire
cet effet? En France, les subventions de l'Etat se sont élevées,

pour la ligne de Lyon à la Méditerranée, à fr. 202,198, pour celle de Paris à Orléans, à fr. 130,207, pour le chemin de fer de l'Ouest, à fr. 84,038 et pour celui de l'Est, à fr. 70,400 par kilomètre. On voit que ces subventions sont considérables : pour les chemins de fer d'Orléans et de Lyon à la Méditerranée, elles ne représentent pas moins de 41 et 42 p. c. des frais de premier établissement. Quel est le tantième qu'elles devront représenter ici, pour que des hommes sérieux, des compagnies solides viennent à vous ? Personne ne saurait le dire d'avance ; car le tout dépend du degré de confiance que l'entreprise leur inspirera. Ce qui est certain, c'est qu'une faible subvention ne suffira pas ; car les compagnies solides sont timides et défiantes.

Ce que je viens de dire de la subvention, sous forme d'un don ou d'une avance d'une partie du capital de premier établissement, s'applique également au mode de subvention sous la forme d'une prime de tant par kilomètre de chemin de fer mis en exploitation, à payer par le trésor pendant un certain nombre d'années. Pour que ce procédé pût produire un effet utile, la prime annuelle devrait représenter au moins l'intérêt et l'amortissement d'une somme équivalente à la partie du capital dont les produits probables du chemin de fer ne couvriraient pas les intérêts. Ce serait en réalité un emprunt déguisé dont l'intérêt et l'amortissement seraient représentés par la prime annuelle.

Si le calcul du rapport des produits probables au capital de premier établissement dressé par le Gouvernement était admis comme exact par tout le monde, il n'y aurait rien de plus facile que de déterminer le montant de la prime annuelle nécessaire pour couvrir le déficit, soit pendant les premières années de l'exploitation, dans le cours desquelles les meilleures lignes sont rarement fructueuses, soit pendant une plus longue durée pour les lignes moins bonnes, et le mode de secours ne saurait donner lieu à des objections bien sérieuses; mais il ne faut pas oublier que l'appréciation faite par le Gouvernement a peu de valeur aux yeux du public, qui tient à juger par lui-même des produits probables, et que ce public, qui apprécie l'entreprise à sa façon et avec lequel le Gouvernement a à traiter, manque de confiance dans le revenu net des chemins de fer. A moins donc de porter la prime à un chiffre qu'il estime être en rapport avec l'idée qu'il s'est formée de la valeur du chemin de fer comme produit net, et qui, dans son opinion, lui laisse des chances assurées de gain, le public refusera de vous apporter ses capitaux. Il est évident qu'en ce moment de défaveur pour les entreprises de chemins de fer en Hollande, la prime, pour produire un effet utile, devrait être considérable et qu'il n'est donné à personne d'en fixer *à priori* le montant exact.

Je conclus de ce qui précède qu'en raison des circonstances, le Gouvernement aurait tort d'essayer l'application du système de subventions sous l'une ou l'autre forme.

Le mode essayé par la Prusse et qui lui a parfaitement réussi, dans des circonstances où l'on ne croyait pas plus aux produits des chemins de fer prussiens qu'on ne croit à ceux des chemins de fer néerlandais, a été la garantie d'un minimum d'intérêt. C'est aussi le mode auquel la France a eu surtout recours, dans les dernières années, en le combinant, pour les chemins de fer dont les produits paraissaient devoir être insuffisants, avec la subvention en argent. La subvention en nature a cessé, depuis longtemps, d'être appliquée en France, à cause des difficultés pratiques qu'elle présente.

Résolu à vaincre les difficultés qui s'opposaient à l'extension du réseau des chemins de fer, le Roi de Prusse, malgré l'opposition du ministre de l'industrie et des travaux publics, Beuth, ordonna de soumettre au Comité des Etat-Provinciaux, qui fut convoqué à cet effet à Berlin, au mois d'octobre 1842, la question du meilleur mode à employer pour atteindre ce résultat.

Le Gouvernement, dans un mémoire très-remarquable, sur lequel j'appelle l'attention de Votre Excellence, se prononça en faveur d'une garantie d'intérêt. C'était, selon lui, le moyen le plus sûr pour rendre aux capitaux la confiance et le mode le moins onéreux au trésor.

Après une discussion très-approfondie, le Comité se prononça en faveur du système défendu par le Gouvernement. Le principe d'une garantie d'intérêt fut adopté par une majorité de 85 voix contre 14.

L'ordre de cabinet qui suivit cette décision portait ce qui suit:

«Nachdem Meinen Anordnungen gemäss das Gutachten der vereinigten ständischen Ausschüsse über... die Beförderung einer umfassenden Eisenbahnverbindung zwischen den verschiedenen Provinzen der Monarchie unter Beihülfe aus Staatsmitteln eingeholt worden ist, bestimme Ich Folgendes:

1 . . . .

2 . . . . Wünsche Ich dem Lande auch die Vortheile zu verschaffen, die in mehrfacher Hinsicht von einer Verbindung der Hauptstadt mit den Provinzen und der Provinzen untereinander vermittels umfassender, in den Hauprichtungen das Ausland berührender Eisenbahnanlagen erwartet werden dürfen. Ich bestimme daher in Uebereinstimmung mit dem Gutachten der vereinigten ständischen Ausschüsse, dass die Ausführung solcher von denselben für ein dringendes Bedürfniss erachteten Eisenbahn-Verbindungen durch die dem Staate zu Gebote stehenden Mittel und insbesondere auch durch Uebernahme einer Garantie für die Zinsen der Anlage-Capitalien mit Kraft und Nachdruck befördert werden soll.....»

Les mesures arrêtées par le Gouvernement prussien eurent les résultats les plus efficaces; la confiance se rétablit et le crédit privé prit aussitôt un tel essor que, dès 1843, les chemins de fer de Cologne à Minden, de la Haute-Silésie et de la Basse-Silésie et Marche se trouvèrent assurés.

Voici quelles étaient ces mesures :

Le Gouvernement accordait une garantie d'intérêt de $3^1/_2$ p. c. jusqu'à l'amortissement complet du capital social. L'Etat se chargeait de cet amortissement, pour le service duquel il s'obligeait à employer une somme annuelle égale au moins à $^1/_2$ p.c. du capital.

L'Etat prenait part à l'entreprise comme actionnaire. Sa prise d'actions s'élevait à $^1/_7$me du capital social. Les actions de l'Etat restaient inaliénables pendant toute la durée de la société. Les intérêts et dividendes, acquis à ces actions, devaient être affectés à l'amortissement.

Les actions des compagnies jouissant de la garantie d'intérêt étaient admises, au même titre que les fonds publics, à la caisse des dépôts et consignations.

En échange de ces avantages, l'Etat se réservait le tiers des bénéfices après un produit net de 5 p. c. Ce tiers devait servir soit à couvrir le trésor de ses avances, soit à racheter des actions au cours du jour.

Tout, dans cette combinaison, était bien calculé pour faire cesser la timidité des capitalistes.

Cependant, quelque bon qu'ait été son résultat, quelque légère qu'ait été la charge qu'elle a fait peser sur le trésor, — l'allocation portée à cet effet au budget de cette année ne s'élevant qu'à 25,000 thalers, — je n'oserais point conseiller au Gouvernement néerlandais l'adoption d'une semblable combinaison, sans y ajouter certaines mesures de garantie autres que celles adoptées par la Prusse.

J'ai dit quels sont les dangers réels de la garantie d'intérêt. Pour se défendre contre ces dangers, on a admis, en Prusse, certains précautions qui compromettent gravement l'indépendance sociétaire, en plaçant les compagnies sous la tutelle et la discipline permanentes du Gouvernement. La prise même d'une certaine quantité d'actions est de nature à gêner la liberté des compagnies, puisqu'elle donne à l'Etat une influence presque toujours prépondérante dans les décisions sociales. Je dirai tout à l'heure quels sont, d'après moi, les meilleures mesures de précaution que le Gouvernement pourrait prendre.

Mais voyons, d'abord, quelle est la marche générale qu'il convient de suivre.

On ne peut songer à aborder à la fois tous les chemins de fer qui présentent un certain degré d'utilité ; il faut se borner aux lignes que recommandent le plus des considérations d'intérêt général.

Pour déterminer quelles sont ces lignes, il est nécessaire d'examiner quel est le rôle principal que les chemins de fer auront à remplir en Hollande.

Au point de vue du commerce intérieur, les chemins de fer sont moins utiles en ce pays qu'en aucun autre. Cette opinion se fonde sur trois faits : le nombre et la perfection des voies navigables ; l'absence presque complète de péages ; le peu d'étendue du territoire.

Les chemins de fer ne présentent, en Hollande, au commerce intérieur qu'un seul avantage, c'est celui de la non-interruption des transports, et cet avantage ne se fait guère sentir que pendant l'époque où la navigation est interrompue par les gelées et, parfois, par le manque d'eau dans certaines rivières. Les voies navigables pénétrant à l'intérieur des villes et permettant, le plus souvent, de prendre et de livrer les marchandises à domicile, sans transbordement ni frais accessoires de factage, satisfont, d'une manière presque complète, aux besoins de la circulation à l'intérieur de toutes les matières pondéreuses et encombrantes et défient toute concurrence.

Ce qui rend nécessaire l'établissement des chemins de fer en ce pays, ce sont les besoins d'une locomotion rapide pour les personnes, ceux d'un transport facile, régulier et économique pour les échanges internationaux.

Le but qu'il faut donc chercher à atteindre, c'est de relier entre elles et au siége du Gouvernement les grandes villes du royaume ; c'est de mettre les grands ports du pays en communication directe avec les Etats voisins.

Quelles sont les lignes sur lesquelles le Gouvernement, en poursuivant cette pensée, peut concentrer son choix quant à présent ?

Celles qui me paraissent le mieux remplir les conditions qu'on doit se proposer, et dont l'établissement immédiat donne une satisfaction suffisante aux intérêts politiques, industriels et commerciaux du pays, sont, outre le chemin de fer de Flessingue à Venlo et la ligne Néerlando-Hanovrienne dont la concession est accordée :

1° La ligne du Nord dans la direction de Groningue ou de Leeuwarden.

2° Celle de Harlingen vers les frontières de Hanovre ;

3° Celle du Nieuwe-Diep ;

4° Celle d'Arnhem à Bois-le-Duc ;

5° Celle de Bois-le-Duc à Maestricht ;

6° Celle de Rotterdam au Moerdijk.

Ce serait un total d'environ 575 kilomètres. Ce plan n'est pas gigantesque ; cependant il constitue un réseau complet et satisfait à tous les besoins actuels.

Il doit être évident pour tout le monde que l'on ne peut songer,

pour le moment qu'à la construction des lignes les plus fructueuses, c'est à dire de celles où le mouvement de voyageurs
sera la plus grand et qui serviront le mieux à multiplier les rela-
tions de la Hollande avec les pays voisins.

Il ne saurait être question, quant à présent, d'une double
ligne se dirigeant de Meppel vers le Nord. L'exploitation de chacune de ces lignes exigerait un service spécial qui peserait trop
lourdement sur l'entreprise. Du reste, n'est-ce pas faire beaucoup que de mettre Groningue et Leeuwarden en relation, par
une voie ferrée, avec le centre du pays ? Il ne faut donc qu'une
seule ligne dans la direction du Nord.

Une fois la création de ces six chemins de fer arrêtée, l'attention devra se porter sur les moyens de les établir au meilleur
marché possible. Le coût de construction des chemins de fer
exerce une influence si grande sur leur avenir financier, que l'on
ne saurait attacher trop d'importance à ce point. Pourquoi les
chemins de fer prussiens donnent-ils un revenu moyen double
de celui donné par les chemins de fer anglais, tandis que leurs
recettes brutes restent, de plus d'un tiers, au-dessous de celles
de ces derniers ? Le secret de cette différence est presque tout en-
tier dans le coût de premier établissement. Les Anglais n'ont
pas su éviter les dépenses sans rapport avec les revenus probables de leurs lignes. Ils ont construit des chemins de fer par-
faits au point de vue technique, n'épargnant ni dépenses de com-
modité, ni dépenses de luxe ; mais ils ont négligé de se demander
si les capitaux énormes, enfouis dans ces constructions monumentales, trouveraient une rémunération dans des produits cor-
respondants. Les Allemands se sont tenus en garde contre de
pareilles erreurs et ont établi leurs chemins de fer avec une
économie bien entendue. Les chemins de fer néerlandais devront
être construits solidement ; ils devront répondre complétement

aux besoins de la sécurité, de la régularité, à ceux d'un bon service et d'une exploitation peu couteuse ; mais à rien de plus.

Si l'on veut que l'entreprise des chemins de fer soit fructueuse, qu'on se garde d'écarter les considérations économiques. Donc, non-seulement pas de constructions monumentales, pas de luxe, pas de vaine décoration, pas de perfection théorique, mais de la solidité, de la durabilité, tout ce qui a une utilité pratique.

Il faudrait, selon moi, se borner à faire les terrassements et à établir, autant que possible, les travaux d'art pour une seule voie. La double voie ne devient utile que quand la circulation dépasse certaines limites ; jusque-là la double voie est une dépense de luxe.

Cependant il ne suffira pas de réduire les frais de construction au minimum ; il faudra adopter aussi les meilleurs moyens pour rendre l'exploitation fructueuse et économique.

L'expérience nous enseigne qu'une des principales conditions de prospérité pour un chemin de fer, c'est d'avoir un long parcours.

Non-seulement le transport des marchandises n'est productif que lorsque la distance parcourue excède un certain nombre de kilomètres et les bénéfices de ce trafic se règlent sur la longueur du parcours ; mais les dépenses d'exploitation diminuent en proportion de l'étendue du chemin de fer.

Une grande partie des frais généraux restent les mêmes, ou ne varient que très-peu, pour une grande ou pour une petite exploitation ; d'où il résulte que ces frais se répartissant, si le chemin de fer a peu d'étendue, sur une somme de recettes moindre, l'exploitation coûte plus cher.

Le fractionnement des lignes est la lèpre des chemins de fer anglais. « Il n'y a d'autre alternative dans la situation où nous nous trouvons, disait M. Stephenson, à la Chambre des Communes en 1852, que la réunion de nos lignes et la formation de grandes compagnies ou la ruine complète de ces entreprises. »

Si un si remarquable développement a été donné, depuis quelques années, au réseau des chemins de fer français, ce résultat n'est dû qu'à la sagesse des mesures adoptées par le Gouvernement. Afin que les chemins de fer puissent se multiplier, il a cherché à les rendre aussi productifs que possible ; il a écarté tout ce qui pouvait compromettre leur succès: les divisions excessives, les concurrences ruineuses ; il a réuni dans une même main les embranchements, prolongements et chemins nouveaux destinés à desservir les mêmes régions, de manière à éviter toute déperdition de forces et à permettre, au moyen d'une solidarité entre les différentes sections, la création de lignes secondaires et d'embranchements qui, s'ils étaient établis par des compagnies spéciales, ruineraient infailliblement leurs concessionnaires.

Le Gouvernement néerlandais a de grandes raisons, ce me semble, de suivre la même voie. Il reconnait que toutes les lignes qu'il veut créer ne seront pas également bonnes ; il lui importe donc d'établir une solidarité entre toutes, afin que les recettes des lignes productives profitent aux chemins dont les recettes seront moindres. En adoptant le système de morcellement, il condamnerait infailliblement le trésor à de grands et de longs sacrifices. 1)

Faisons une hypothèse pour faire mieux comprendre combien les concessions par lignes spéciales seraient onéreuses à l'Etat.

En Belgique, le réseau de l'Etat, qui a un développement total

---

1) La décision prise par le Gouvernement de réunir à la ligne du Nord le chemin de fer de l'Est, dont la concession m'avait été accordée en 1856, est conforme au plan de conduite que je conseillais ici. Je ne songerais certes pas à réclamer, au nom de mes droits acquis, contre cette mesure, si, pour effectuer une fusion désirable au point de vue de l'intérêt public, le Gouvernement eût employé des moyens empreints de plus d'équité et de bienveillance.

de 714 kilomètres, se compose de dix-neuf sections, dont chacune aurait pu faire l'objet d'une concession spéciale. Aujourd'hui l'exploitation de l'ensemble du réseau laisse un bénéfice net de fr. 1,877,000, après paiement des intérêts des capitaux empruntés pour l'établissement de ces chemins de fer. Supposons que le Gouvernement belge eût concédé chacune de ces sections à une compagnie spéciale et eût accordé une garantie d'intérêt de 4¹/₂ p. c. à chacune; ce morcellement aurait produit le résultat suivant:

La compagnie à laquelle aurait été concédée la ligne de Bruxelles à Malines aurait touché plus de 20 p. c.; Malines à Louvain aurait eu plus de 14 p. c.; le revenu de Malines à Anvers se serait élevé à 12 p. c.; Bruxelles à Braine-le-Comte aurait eu 10¹/₂ p. c.; Malines à Gand 9 p. c.; Louvain à Liége 8.8 p. c.; Braine-le-Comte à Mons et à Manage aurait reçu plus de 5 p. c.; enfin le revenu de la ligne de Gand à Courtrai aurait été de 4.9 p. c.

Pour toutes ces lignes, il ne serait résulté aucune charge de la garantie d'un minimum d'intérêt. Mais il en aurait été tout autrement pour le reste du réseau:

Gand à Bruges aurait donné 4.4 p. c.; Bruges à Ostende 5.7 p. c.; Manage à Charleroy 5.6 p. c.; Liége à Herbesthal 5.4 p. c.; Courtrai à Mouscron 2¹/₂ p. c.; Charleroy à Namur 1.9 p. c.; Tournay à Jurbise 1.8 p. c.; et enfin Mouscron à Tournay 1.1 p. c. Le Gouvernement aurait donc été obligé de suppléer aux recettes insuffisantes de presque la moitié du réseau.

Le morcellement aurait fait peser sur le trésor une charge considérable; l'agglomération, en confondant le produit des bonnes et des mauvaises lignes, le dégageait complètement.

Je le répète, le moyen le plus sûr de n'imposer au trésor que les sacrifices rigoureusement indispensables, c'est de faire de la

plupart des chemins de fer, que j'ai indiqués plus haut, une seule
entreprise; au surplus, cette concentration des lignes ne me
semble pas seulement nécessaire dans l'intérêt du trésor et des
actionnaires, je crois aussi que c'est le moyen unique d'étendre;
plus tard, le bienfait des voies de fer à toutes les parties du pays,
en permettant l'exécution de lignes secondaires, qui sont, d'ordinaire, d'un grand intérêt au point de vue local, mais dont
l'établissement n'est pas d'utilité générale et qui, par conséquent, seront moins productives.

Cette opinion se fonde sur la solidarité qui existe entre les
différentes lignes qui composent un groupe de chemins de fer.
Chaque ligne apporte au groupe deux sortes de recettes : il y a,
d'abord, celles qui sont produites par le trafic propre de la ligne ;
il y a, ensuite, celles qui résultent de l'activité que la ligne a
créée au profit des autres sections du groupe, en d'autres mots,
il y a les recettes qu'elle produit comme affluent.

Une ligne peut ne pas être assez productive par elle-même
pour former l'objet d'une entreprise isolée, et cependant, jointe
à des lignes existantes, elle peut produire des avantages financiers notables, en déterminant une augmentation de circulation
sur les autres sections du réseau. Ainsi, le produit du trafic propre du chemin de fer belge de Landen à Hasselt ne s'élevait pas
à plus de fr. 200,000 ; mais ce chemin de fer apportait, comme
affluent, au chemin de fer l'Etat une recette de fr. 450,000.
L'entreprise était mauvaise pour la compagnie ; elle était bonne
pour l'Etat.

Une grande concentration peut, dans d'autres pays, présenter
certains dangers ; elle peut créer un monopole redoutable et tour-
ner au préjudice du publie. Ces inconvénients ne peuvent pas se
produire ici, où les autres moyens de communication ne permet-
tront jamais aux chemins de fer d'absorber tous les transports.

Loin de s'effrayer de l'existence d'une compagnie qui aurait la plupart des voies de fer du pays entre-les mains, le commerce doit désirer cette agglomération, dans l'intérêt de la facilité de la circulation et de l'abaissement des péages, puisqu'une grande exploitation peut seule lui procurer le maximum de ces avantages.

Je pense donc que le Gouvernement devrait chercher à traiter avec une seule compagnie pour l'ensemble du réseau, pour autant que les lignes que j'ai indiquées ci-dessus ne rentrent pas dans la zône des compagnies existantes, telles par exemple que la ligne de Rotterdam, par Dordrecht, au Moerdyck et celle du Nieuwediep.

La question de la convenance et de l'opportunité de la réunion des chemins de fer existants avec les lignes à créer mérite, du reste, l'examen sérieux du Gouvernement. Cette réunion, — s'il était possible de s'entendre sur ses conditions, — présenterait des avantages faciles à apprécier.

Je reviens maintenant à l'intervention financière du trésor[1]).

Le mal qui travaille le public, c'est le découragement, la timidité, la défiance. Le bon sens indique donc que le remède à appliquer, c'est la garantie d'un minimum d'intérêt ou de revenu, puisque c'est le moyen le plus sûr de faire renaître la confiance.

La garantie, dans la forme ordinaire, a l'avantage d'être le plus facilement comprise par le public, et exercera, par conséquent, l'effet moral le plus puissant. J'ai démontré, au surplus, qu'appliqué rationnellement, ce mode d'intervention ne mérite pas tous les reproches qu'on lui fait et que, moyennant quelques mesures de précaution, il n'est pas difficile de protéger, d'une manière satisfaisante, les intérêts du trésor.

---

1) J'ai intercalé, dans cette partie de mon mémoire, quelques extraits de ma lettre particulière à M. Vrolik, servant à donner plus de développement à des idées énoncées, d'une manière sommaire, dans mon premier écrit.

Ces mesures consistent :

1° à proportionner la durée de la garantie à la durée possible
des risques;

2° à stipuler que, dans le cas où le trésor aura à compléter
l'annuité garantie, il sera remboursé, de ses avances et des
intérêts simples, sur les bénéfices nets de l'entreprise excédant l'intérêt garanti, dans quelque année qu'ils se produisent;

3° à obliger la compagnie de soumettre au ministre le budget
annuel détaillé de ses dépenses d'exploitation;

4° à faire surveiller, par des agents spéciaux, tous les actes de
la gestion financière de la compagnie, jusqu'à l'époque où
elle se trouvera intégralement libérée envers le trésor;

5° à déterminer, d'une manière précise, les formes suivant lesquelles la compagnie sera tenue de justifier, vis-à-vis de
l'Etat, de ses dépenses annuelles d'exploitation et de ses
recettes.

Ce sont là les précautions qui ont été admises en France et
qu'une expérience de plusieurs années a fait reconnaître, comme
conciliant parfaitement les intérêts du trésor et ceux des compagnies.

Il est certain que la garantie d'intérêt, sous la forme ordinaire, amenera, plus facilement que toute autre combinaison,
des prêteurs, quoique cette forme ne leur soit pas plus avanta-
geuse que celle dont j'ai déjà parlé, c'est à dire l'engagement
pris par l'Etat de compléter le produit kilométrique jusqu'à
concurrence d'une somme représentant un intérêt de tant pour
cent du capital social, dans le cas où les recettes brutes, après
prélèvement d'une somme fixée d'avance pour frais d'exploitation, d'entretien et de renouvellement, ne représenteraient pas
ce taux d'intérêt.

En présence de cette dernière forme, qui est assurément la meilleure au point de vue du trésor et au point de vue des actionnaires, puisqu'elle laisse entière l'indépendance sociétaire et simplifie et facilite les rapports de l'Etat avec les compagnies, le public, qui ne connaît pas l'exploitation des chemins de fer, ne pourra peut être pas se défendre d'une certaine hésitation, et il sera, par conséquent, plus difficile de trouver des capitaux à cette condition qu'à celle de la garantie ordinaire. Cependant la réussite me paraît possible; mais elle dépendra de la confiance que la réputation, l'habilité, la capacité des hommes qui attacheront leur nom à l'entreprise inspireront au public?

Si le Gouvernement continue à repousser la garantie d'intérêt, sous la forme ordinaire, on pourrait adopter l'une ou l'autre des combinaisons suivantes :

L'expérience faite est assez longue, l'exploitation des chemins est devenue une science d'observation assez sûre, fondée sur un assez grand nombre de faits, pour qu'il ne soit pas difficile de dire ce que, dans des circonstances données, — le chiffre des recettes brutes étant connu, — l'exploitation d'un chemin de fer, intelligemment et économiquement administré, doit coûter. C'est à dire qu'il est facile de fixer d'avance le rapport de la dépense à la recette.

On pourrait donc stipuler que, dans le cas d'une recette de fl. 5000, par exemple, les dépenses qui seront admises, comme base de la somme à fournir par l'Etat en garantie du minimum d'intérêt, seront de 65 p. c. de cette recette, que si le produit est de fl. 6000, le rapport admis de la dépense à la recette sera de 57 p. c. et ainsi de suite.

Ou bien, on pourra admettre un rapport variable pendant une série d'années, en réglant le rapport qui sera admis, pour chacune de ces années, comme base de la somme à fournir par l'Etat, d'après l'augmentation présumée des recettes.

Un exemple fera mieux comprendre cette combinaison.

Supposons qu'on compte, pour la première année de la mise en exploitation du chemin de fer, sur une recette brute de fl. 5000 et sur une progression annuelle continue, de sorte que la recette atteigne fl. 8000 la septième année; on pourrait, dans ce cas, stipuler que le rapport de la dépense à la recette sera, la première année, après l'ouverture, de 65 ou 66 p. c., la deuxième, de 58 ou 59 p. c., la troisième, de 56 ou 57 p. c., la quatrième, de 54 ou 55 p. c. et ainsi de suite jusqu'à la septième année, après laquelle le rapport restera invariablement fixé à 50 p. c., puisqu'à cette époque le rapport de la dépense à la recette sera devenu, si le capital de premier établissement n'excède pas fl. 100,000 par kilomètre — nous verrons plus tard qu'il ne doit pas excéder cette somme — et si l'intérêt garanti n'est que de 4 p. c., une chose complétement indifférente à l'Etat au point de vue de la garantie qu'il donne aux actionnaires.

Un rapport qui resterait invariable, à partir de la première année de l'exploitation, ne serait pas admissible : la proportion entre la dépense et la recette étant toujours en raison inverse de l'élévation de celle-ci, et les recettes étant faibles au début et allant toujours en augmentant, il importe d'adopter un rapport descendant graduellement jusqu'au point où la recette brute, après déduction de 50 p. c. pour frais d'exploitation, couvre les intérêts du capital engagé.

Il y a une troisième combinaison qui me semble préférable à celles dont je viens de parler : elle consiste à fixer d'avance, d'une manière permanente, le chiffre de la dépense d'exploitation par train-kilomètre.

Il y a, dans l'exploitation des chemins de fer, certaines dépenses sur lesquelles l'activité du trafic et le nombre de convois n'exercent qu'une influence très-peu sensible : telles sont les dépenses d'entretien de la voie, des bâtiments, des travaux d'art et du matériel fixe ; telles sont encore les dépenses de surveillance de la voie et des stations.

Il en est d'autres sur lesquelles l'activité du trafic exerce une influence plus grande ; mais dont la majeure partie cependant reste fixe. La longueur de la ligne et le nombre de stations règlent beaucoup plus cette catégorie de dépenses que le nombre de convois : tels sont les frais d'administration générale.

Il y en a d'autres, enfin, qui sont variables, parce qu'elles sont réglées par la quantité des transports et par le nombre de trains, mais dont une portion cependant reste fixe, en ce sens que ces dépenses ne peuvent pas être réduites au-dessous d'un certain minimum sans rendre le service impossible. Dans cette classe doivent être rangées toutes les dépenses qui concernent le service des transports.

En examinant les résultats obtenus dans d'autres pays, en voyant les contrats d'entretien, en dressant l'état du personnel nécessaire, en tenant compte de la compressibilité de quelques terrains, des tassements qui en sont la conséquence, des difficultés d'assèchement, du prix et de la nature du ballast, du prix de la main d'œuvre ; mais en supposant le chemin de fer solidement construit, j'estime que l'entretien de la voie, des travaux d'art, bâtiments, stations et du matériel fixe, ainsi que la surveillance de la voie, c'est à dire la surveillance et la police du chemin, des stations et des haltes, y compris le traitement des ingénieurs, des chefs, sous-chefs et surveillants de stations, gardes-halte, chefs de section, portiers, gardes-excentrique, gardes-barrière, gardes-ponts, gardes-perron, veilleurs et ce qui concerne le service du télégraphe, coûteront fl. 1400 par kilomètre de chemin de fer exploité.

La connexité qui existe entre le service d'entretien et celui de surveillance est si grande, les agents sont si fréquemment employés indifféremment pour l'un et pour l'autre service, qu'une séparation dans les dépenses est impossible. Aussi, dans tous les comptes rendus allemands, les deux services se trouvent confondus. En France et en Belgique, la dépense d'entretien et celle de surveillance sont également réunies.

Au chemin de fer Néerlandais-Rhénan, depuis 1849 jusqu'en 1856, l'entretien seul, à exception de l'année 1855/56, pendant laquelle de nouvelles sections ont été ouvertes, a coûté, en moyenne, fl. 1017 par kilomètre.

L'entretien, au chemin de fer Hollandais, a coûté, en moyenne, par kilomètre, depuis 1851 jusqu'en 1856, fl. 2758; mais il est à remarquer que ce chemin se trouve dans des conditions tout-à-fait exceptionnelles et par sa construction et par sa vétusté.

Le service de surveillance est rangé, dans les comptes rendus néerlandais, en grande partie, parmi les dépenses du service des transports; il serait difficile, par suite de cette confusion, de faire un dépouillement des frais spéciaux que ce service occasionne. Au chemin de fer Rhénan, la garde des signaux et des ponts seule figure, parmi les dépenses, pour une somme de fl. 566 par kilomètre. Au chemin de fer hollandais, les gardes-barrière, gardes-signal et gardes-pont occasionnent une dépense de fl. 515 par kilomètre.

En Prusse, la dépense moyenne de surveillance et d'entretien est, sur les chemins de fer de l'Etat, de fl. 1971; mais il est à remarquer que, parmi ces chemins, se trouvent la Niederschlesisch-Maerkische et la Westfaelische-Bahn qui exigent un personnel de surveillance considérable. Sur les chemins de fer des compagnies exploités par l'Etat, elle est, en moyenne, de fl. 1451 par kilomètre.

Pour ce qui regarde les frais d'administration générale, il me semble qu'on peut adopter, sans crainte de compter trop largement, une dépense moyenne de fl. 155 par kilomètre.

Cette dépense représente, dans le cas de six trains par jour, une dépense moyenne de 7 cents par kilomètre et par train. En Prusse, cette dépense s'est élevée, sur les chemins de fer de l'Etat, à fl. 0.076, sur l'ensemble des lignes à fl. 0.071. Mais il importe de remarquer que, sur les chemins de fer de l'Etat, la moyenne des trains journaliers a été de 11.4, et la moyenne générale de 15.7. Or, comme une grande partie de cette portion des dépenses d'exploitation a un caractère de fixité assez grande pour que le nombre des convois ne les modifie que dans une très-faible mesure, il en résulte que moins les trains journaliers sont nombreux, plus la dépense moyenne par train est élevée. Donc, si l'on voulait admettre une dépense totale rigoureusement en rapport avec celle des chemins de fer prussiens, il faudrait augmenter, dans une proportion notable, la dépense moyenne par kilomètre.

Pour ce qui concerne maintenant les dépenses variables, rien n'est plus facile que d'en fixer le chiffre d'avance ; la statistique des chemins de fer donne, sur ce point, des indications précises : il suffit de savoir quel sera le nombre des trains journaliers et de s'être rendu compte du taux des traitements, du prix de la main d'œuvre et des matières, — surtout du prix du combustible, — pour pouvoir fixer, d'une manière certaine, quelle sera la dépense du service des transports, c'est à dire la dépense de l'exploitation proprement dite et celle de la traction et de l'entretien du matériel.

Dans le cas où chaque kilomètre de chemin de fer serait parcouru six fois par jour, c'est à dire qu'il y eût trois convois dans chaque sens, je pense que le minimum de dépense, pour frais spéciaux du service des voyageurs et des marchandises dans les stations, pour convoyage, traction, entretien du matériel etc., ne saurait pas être fixé au-dessous de 79 cents par train-kilomètre.

En Prusse, la moyenne, sur les chemins de fer de l'Etat, est de fl. 0.839, sur les chemins de fer particuliers exploités par l'Etat, de fl. 0.829, sur les chemins de fer exploités par les compagnies, également de fl. 0.829; la moyenne générale est de fl. 0.833.

Sur l'Ost-Bahn, qui est une des lignes appartenant à l'Etat, exploitée par l'Etat et exploitée avec une grande intelligence et une grande économie, qui a une étendue de 450 kilomètres et 7.9 trains journaliers parcourant toute la ligne, les frais du service des transports se sont élevés à fl. 0.794 par train-kilomètre, et sur la ligne de Stettin à Posen, qui est aussi administrée par l'Etat, à fl. 0.819.

En Belgique, au chemin de fer de l'Etat, les dépenses de cette catégorie s'élèvent à fr. 1.82; en France, au chemin de fer du Nord, à fr. 1.69. La moyenne générale des chemins de fer français est de fr. 1.72.

En récapitulant les diverses dépenses que je viens d'énumérer, on trouve que le coût de l'exploitation, par kilomètre de chemin de fer et par année, serait comme suit:

Administration générale . . . . fl. 155
Voie, stations et bâtiments . . . . » 1400
Exploitation, traction et entretien du matériel roulant, — 6 trains par jour ou 2190 trains-kilomètres à *f* 0.79 . . . . » 1750

Total . . fl. 3285

Ce chiffre pourrait être admis comme dépense d'exploitation par kilomètre fixée à forfait, la compagnie s'obligeant à établir trois trains de voyageurs ou de marchandises par jour dans chaque direction.

Dans le cas où le parcours total des trains, transportant des voyageurs ou des marchandises, ne représenterait pas 6 trains par jour, soit 2190 trains, parcourant la ligne entière, par année, il serait déduit de la somme de fl. 3285 fl. 0.79 pour chaque train kilomètre au moins.

Si, au contraire, le nombre de ces trains excédait celui de 6 par jour ou de 2190 trains, parcourant la ligne entière, par année, il serait ajouté, pour chaque train kilomètre en plus, 69 cents.

Ainsi, en d'autres termes, le chiffre des dépenses d'administration générale, de surveillance et d'entretien de la voie, des stations et des bâtiments resterait invariablement fixé, quel que fût le nombre de trains, à fl. 1355 par kilomètre de chemin de fer mis en exploitation. Quant à ce qui concerne les dépenses du service des transports, elles seraient fixées à 79 cents par train et par kilomètre de parcours, pour autant que le nombre de trains n'excédât pas une moyenne de 6 trains par jour. Il ne serait compté que 69 cents pour chaque train-kilomètre excédant ce nombre, les 10 cents supplémentaires, alloués pour les 6 premiers trains, couvrant les frais généraux du service.

Quant à la mise en pratique du système, mon expérience de l'administration des chemins de fer me permet de dire qu'elle ne peut donner lieu à aucune difficulté ni à aucune fraude: rien n'est plus facile que de contrôler le parcours kilométrique des trains.

La seule objection sérieuse, à mon avis, qu'on pourrait y faire, c'est que le public ne la comprendrait pas assez pour y trouver une garantie suffisante. Le manque de confiance va assurément très-loin; mais, à moins d'une garantie absolue, il serait impossible de présenter une combinaison plus propre à rassurer les capitaux.

Voyons maintenant quelle serait la charge que son application imposerait au trésor.

Supposons un réseau de 575 kilomètres, un coût kilométrique de fl. 100,000, une garantie d'intérêt de 4 p. c., un produit kilométrique de fl. 5000, s'élevant, par une progression continue, à fl. 8000, la septième année de la mise en exploitation, et nous arrivons aux résultats compris dans le tableau suivant :

1	2	3	4	5	6	7
Années d'exploitation.	Recette brute par kilom. Flor.	Nombre de trains journaliers.	Dépense d'exploitation. Flor.	Rapport de la dépense à la recette.	Avance à faire par l'État par kilom. Flor.	Avance totale pour 575 kilom. Flor.
1re	5000	6	3285	65.7 p. c.	2285	1,313,875
2e	5500	6	3285	59.7 p. c.	1785	1,026,375
3e	6000	6.5	3411	56.8 p. c.	1411	811,325
4e	6500	7	3537	54.4 p. c.	1037	596,275
5e	7000	7.5	3663	52.3 p. c.	663	318,225
6e	7500	8	3789	50.5 p. c.	289	166,175
7e	8000	9	4040	50.5 p. c.	40	23,000
Total. . . .					7510	4,318,250
Moyenne par année. . . .					1072.85	616,892,85

Si la compagnie peut et sait organiser le service de ses trains dans les limites fixées par les besoins réels des transports ou, ce qui revient au même, d'après l'importance des recettes, le nombre de trains indiqué dans le tableau ci-dessus, sera, à peu près, celui qu'elle adoptera pour les recettes correspondantes. — Pendant la première année, en supposant une recette annuelle de fl. 5000, le nombre de trains pourrait être réduit à une moyenne de $5^1/_2$ trains par jour ou 2007 trains par année, ce qui donnerait un produit, par train-kilomètre, de fl. 2.44. Six trains réduisent ce produit à fl. 2.28

On voit, par la 5me colonne qui indique le rapport de la dépense à la recette, que l'avance à faire par le trésor serait à peu près la même, si l'on adoptait la combinaison d'après laquelle ce rapport serait fixé d'avance, comme nous l'avons dit ci-dessus :

Pour la première année, à 65 p. c. dans le cas où le cahier des charges prescrirait 5 trains journaliers dans chaque direction, et à 62 ou 65 p. c., pour le cas où ce nombre serait réduit à $2^1/_2$;

Pour la 2me année, à 58 ou 59 p. c. ;

Pour la 5me année, à 56 ou 57 p. c. ;

Pour la 4me année, à 54 ou 55 p. c. ;

Pour la 5me année, à 52 ou 55 p. c. ;

Pour la 6me année, à 50 ou 51 p. c. ;

Et pour la 7me et les années suivantes à 50 p. c. ; rapport admis comme invariable à partir de cette époque.

Je ne donne certes pas comme rigoureusement exact le chiffre du sacrifice à faire par le trésor jusqu'à l'époque où l'entreprise se suffira à elle-même ; la durée que j'ai assignée au sacrifice repose sur une simple présomption ; mais nous verrons bientôt que cette présomption est fondée elle-même sur de grandes probabilités.

N'oublions pas, au surplus, que le sacrifice se réduit à une simple avance, que le complément, que l'Etat aura été forcé de faire pour payer les intérêts garantis, doit lui être remboursé, avec les intérêts, sur les bénéfices nets futurs de l'entreprise excédant l'annuité garantie.

Quant au taux de la garantie, je crois que l'assurance d'une annuité de 4 p. c. suffira ; mais pour qu'elle suffise, il faut que l'on sache profiter du réveil des affaires, de l'abondance d'argent. Il importe qu'on saisisse le bon moment : des conditions qui semblent très acceptables aujourd'hui, pourront ne plus être acceptées demain.

Cependant l'intervention du trésor ne pourra pas se borner à une garantie d'intérêt ; il faudra, pour rendre ce mode réelle—ment efficace, pour en écarter tous les dangers, pour lui donner le caractère d'un appui plutôt moral que matériel, le combiner avec la subvention en argent ou en nature, afin de réduire le coût moyen de toutes les lignes composant le réseau à fl. 100,000 par kilomètre.

Quand un chemin de fer est établi avec une sage économie, à simple voie, avec travaux d'art pour une seule voie, — pourquoi, je le demande de nouveau, faudrait-il les construire pour double voie là où cela n'est pas absolument nécessaire, puisque la simple voie suffit aux exigences d'un trafic considérable et que l'établissement pour double voie n'a d'autre effet que d'augmen-ter inutilement les dépenses de construction et d'entretien ? — quand un chemin de fer est construit honnêtement, sans détour-nement d'une partie du capital au profit des concessionnaires, les dépenses totales d'établissement, dans les conditions ordi-naires, ne peuvent et ne doivent pas atteindre fl. 100,000 par kilomètre.

Il est des circonstances extraordinaires où ce chiffre pourra être dépassé : tel est l'établissement d'ouvrages exceptionnels nécessités, par exemple, par le passage de fleuves ou par la rencontre de profonds marécages. C'est, en vue de pareilles éventualités, que je crois l'intervention du trésor nécessaire. Si, par suite de ces travaux extraordinaires, le kilomètre de chemin de fer devait coûter, en moyenne, plus de fl. 100,000, il y aurait lieu, selon moi, à réduire, par une subvention, le coût moyen à ce chiffre.

Si cette formule est adoptée, il est plus que probable que la subvention à accorder par l'Etat sera très-peu élevée.

Mon opinion se fonde sur l'expérience faite en Prusse et en Hanovre. Je pourrais aussi m'appuyer sur le coût des chemins de fer établis, pendant les dernières années, en Belgique.

En Prusse, les 1062.81 kilomètres de chemins de fer appartenant à l'Etat ont coûté, tout compris, fl. 91,973,685, soit, en moyenne, fl. 86,538 par kilomètre, et cependant le chemin de fer de Saarbruck, qui a une longueur de 42.81 kilomètres, a coûté fl. 154,192 par kilomètre, et le prix de revient du chemin de fer de Westphalie, qui a une étendue de 135.20 kilomètres, s'est élevé à fl. 113,607 par kilomètre. Il est à remarquer aussi que les terrassements et les travaux d'art y sont établis pour la double voie.

Voici le coût, y compris celui du matériel et les dépenses portées au compte de premier établissement depuis la mise en exploitation, de quelques lignes principales, les unes construites par l'Etat, les autres par des compagnies 1):

L'Ostbahn a coûté . . . . fl. 66,457 par kilom.

Les chemins de fer de:

Stargard à Posen.	» 62,066	»	»
Berlin à Stettin et Stargard	» 76,772	»	»
Berlin à Anhalt.	» 64,915	»	»
Magdebourg à Halberstadt . . . . :	» 72,136	»	»
Basse Silésie et Marche.	» 96,970	»	»

Le prix de revient, par kilomètre, des chemins de fer hanovriens est de fl. 81,484, matériel roulant compris. Si l'on déduit de ce coût la dépense de la double voie de fer, il n'est plus que de fl. 76,944 par kilomètre.

------

1) Je dois faire remarquer que, pour la plupart des lignes indiquées, les intérêts payés pendant la construction sont insuffisants.

Peut-on supposer, en présence de ces faits, que, si les terrassements et une partie des travaux d'art sont exécutés pour une voie seulement, et si l'on fait abstraction des grands ouvrages exceptionnels, les chemins de fer néerlandais puissent coûter, en moyenne, plus de fl. 100,000 par kilomètre? Il y aura assurément des sections où la dépense sera plus grande; mais il y en aura beaucoup où elle sera moindre.

En effet, serait-ce le prix des terrains qui rencherirait la construction des chemins de fer néerlandais, dans des proportions considérables? Supposons que les terrains soient acquis pour double voie et que leur coût moyen s'élève à fl. 4000 par hectare, cela ne fait encore que fl. 12,000 par kilomètre. Il faudrait donc ajouter, de ce chef, fl. 8598 par kilomètre, au coût de l'Ostbahn, dont les terrains n'ont coûté que fl. 5602 par kilomètre. Au chemin de fer de la Basse-Silésie et Marche, au contraire, le prix d'acquisition des terrains a été de fl. 15,158 par kilomètre. Il n'est pas probable qu'on arrive ici à un pareil chiffre.

La dépense de terrassements serait-elle beaucoup plus grande pour les chemins de fer néerlandais que pour les chemins de fer allemands? Sans doute la main-d'œuvre coûte moins cher en Allemagne qu'ici ; mais il ne faut pas perdre de vue que les chemins de fer néerlandais seront construits en plaine, peu au-dessus du niveau du sol, que leur cube de terrassements sera donc très-faible. Il y aura des portions où les lignes seront établies dans des conditions difficiles d'exécution : on rencontrera des terrains compressibles; il faudra traverser quelques terrains tourbeux; mais, en Prusse et en Hanovre, il y a aussi des sections où les travaux de terrassement ont occasionné des dépenses très-grandes : sur le chemin de la Westphalie notamment, les terrassements ont coûté fl. 27,551 et sur celui de Saarbruck fl. 56,598 par kilomètre.

Les ponts et aqueducs seront plus nombreux ; mais il ne faut pas oublier que ces ouvrages devront être établis, autant que possible, pour une simple voie. Au surplus les ponts et aqueducs n'entrent pas pour une somme minime dans le coût des chemins de fer allemands : au chemin de fer de la Basse-Silésie et Marche, les frais d'établissement de ces ouvrages se sont élevés à fl. 14,373, et, au chemin de fer de la Westphalie, à fl. 22,558 par kilomètre.

Il est probable aussi que le ballast coûtera plus cher.

Mais en dehors des dépenses dont je viens de parler, il n'en est pas qui puissent être plus élevées qu'en Allemagne : la voie de fer, les stations, le matériel roulant etc. ne coûteront assurément pas plus cher en Hollande qu'en Prusse ou en Hanovre. Je dois ajouter qu'en France le coût moyen des chemins de fer à une seule voie n'a pas dépassé fr. 200,000 par kilomètre.

Votre Excellence admettra, j'en suis sûr, avec moi, qu'il est plus que probable que la dépense de construction des chemins de fer néerlandais, en dehors des ouvrages à établir pour le passage des fleuves, n'atteindra pas, et certes ne dépassera pas, une somme de fl. 100,000 par kilomètre.

Tirons maintenant de ce fait les conséquences qu'il renferme.

Pour qu'une ligne, qui ne coûte, en moyenne, que fl. 100,000 par kilomètre, produise un intérêt de 4 p. c. du capital employé à sa construction, il suffit qu'elle donne, — si elle est assez longue pour que les frais généraux de l'exploitation n'absorbent pas une part trop grande des recettes, — un revenu brut de fl. 8000 par kilomètre.

Peut-on dire, avec certitude, qu'au bout d'un certain nombre d'années, les recettes de l'ensemble des lignes néerlandaises atteindront ce chiffre ?

Qu'on examine ce qui s'est passé dans tous les pays ; qu'on

voie la progression des recettes des chemins au fur et à mesure que de nouvelles facilités ont été données à la circulation,
que de nouvelles habitudes ont été prises, que de nouveaux besoins se sont produits ; et le doute deviendra impossible. Le rôle
économique qui s'attache à l'existence des chemins de fer est
immense : voyez la marche constamment ascensionnelle de la
circulation des hommes, le développement progressif du trafic
des marchandises qu'ils occasionnent. Dans la Grande-Bretagne,
le nombre de voyageurs sur chemins de fer n'atteint pas 500,000
en 1834 ; dix années plus tard, il s'élève à 27,764,000, et le
nombre de diligences, sur les routes ordinaires, ne diminue que
de 57 p. c. En 1849, le nombre de voyageurs est de 63,842,000 ;
en 1853, il s'élève à 118,595,000. Le produit moyen, par mille
anglais, du transport des marchandises progresse, de 1849 à
1855, de 47.9 p. c. Cependant il ne faut pas croire que les chemins de fer attirent à eux toute l'activité commerciale qu'ils
créent : des canaux, établis parallèlement à des voies ferrées, n'ont
pas seulement maintenu leur activité, mais il en est qui ont vu
doubler le tonnage de leurs transports : tel est le canal de la
Grande Jonction, en Angleterre ; tel est le canal de Charleroy, en
Belgique. Ce qui a eu lieu en Angleterre se produit partout, à
mesure que ces moyens merveilleux de communication, agissant
de proche en proche, transforment les habitudes, les besoins,
les intérêts des populations. En 1844, huit cent douze kilomètres
de chemins de fer sont livrés à la circulation en Prusse ; leur produit moyen brut est de fl. 7624 par kilomètre ; en 1855 ; l'étendue des chemins de fer exploités y est de 3713 kilomètres, et le
produit moyen brut atteint fl. 15,075. En Hanovre, les lignes
dont les recettes brutes étaient, en 1849, de fl. 7691 par kilomètre, produisent, en 1855, fl. 14,035. En Belgique, le produit
kilométrique double de 1843 à 1855 ; en France, il s'élève de

35,712 francs, en 1852, à 51,517 francs, en 1855, et cela malgré l'adjonction au réseau d'un grand nombre de lignes secondaires.

Le revenu des chemins de fer néerlandais n'a pas, il est vrai, suivi cette progression. Les recettes kilométriques du chemin de fer Hollandais qui, en 1851, étaient de fl. 12,094, ne se sont élevées, en 1856, qu'à fl. 13,709; et celles du chemin de fer Rhénan, qui étaient, pour l'exercice 1849, de fl. 6,519, n'ont atteint, en 1856, que fl. 8626; mais on ne doit pas perdre de vue que l'un de ces chemins de fer n'est et que l'autre n'était, à cette époque, en quelque sorte qu'un tronçon incapable d'exercer la force d'attraction propre aux grandes lignes; ce n'étaient que des chemins de fer locaux, n'étendant guère leurs services au-delà des localités qu'ils traversent. N'est-il pas évident que, s'ils eussent été reliés à de nouvelles lignes, ils auraient profité du mouvement créé par ces nouveaux moyens de circulation? Les chemins de fer isolés, quelle que soit l'importance des localités qu'ils desservent, n'ont, et ne peuvent avoir, qu'un trafic limité.

Les recettes des lignes néerlandaises n'ont pas suivi une marche ascensionnelle aussi rapide que celles des chemins de fer étrangers, parce que les lignes néerlandaises sont restées, pour ainsi dire, à l'état de tronçons, parce que le trafic s'est borné à une circulation presqu'exclusivement locale, parce qu'il n'y a pas de réseau. Il a manqué aux chemins de fer néerlandais un élément essentiel de prospérité: l'amélioration des revenus résultant du développement de la circulation générale. Veut-on se former une idée de l'influence de la mutualité qui existe entre les différents chemins de fer et savoir pour combien les recettes, dues à cette influence, entrent dans le produit général? qu'on ouvre les statistiques prussiennes. Sur les chemins de fer prussiens, exploités par l'État, les recettes propres au trafic local, — les seules, pour ainsi dire, qu'aient les chemins de fer néerlandais, — se sont élevées à 2,940,000 thalers ; les recettes dues au trafic direct avec d'autres lignes ont été de 1,770,000 thalers.

Franchement, on est étonné, — quand on examine les circonstances défavorables dans lesquelles les chemins de fer néerlandais se sont trouvés, — que la moyenne du produit-kilométrique des lignes d'Amsterdam à Rotterdam, d'Anvers à Rotterdam et du Rhin ait pu atteindre, en 1856, le chiffre de fl. 8618.

Or, si les lignes qu'on se propose d'établir donnent un produit, par kilomètre, de fl. 8000, elles suffiront à elles-mêmes pour donner un intérêt de 4 p. c. des capitaux fournis par les actionnaires.

Sans doute, ce chiffre ne sera pas atteint d'un bond, dès la première année ; il faudra quelque temps avant que les habitudes soient prises, que les intérêts soient créés, que toutes les parties du réseau aient pu réagir les unes sur les autres ; il y a aussi quelques sections moins bonnes qui ne donneront pas, par elles-mêmes, d'ici à longtemps, le produit moyen ; mais il est impossible que les recettes de l'ensemble des lignes ne s'élèvent pas, après quelques années, sous l'action d'une administration intelligente et énergique, à la moyenne des chemins de fer existants.

On ne saurait dire *à priori* quel sera le produit de la première année et dans quelle proportion il viendra à varier. Beaucoup de chemins de fer, établis dans de bonnes conditions, ont vu doubler leurs recettes en huit ou neuf ans ; je suis parti d'une supposition à peu près semblable en rédigeant le tableau qui indique les charges que le système de garantie d'intérêt fera peser sur le trésor. Quant aux recettes primitives, je pense qu'il est permis d'admettre un minimum de fl. 5000.

Voici quelques chiffres à l'appui de cette opinion :

Au chemin de fer Hollandais, qui a une étendue de 84.49 kilomètres, les recettes du service des voyageurs se sont élevées à fl. 922,904. — Je néglige celles pour transports militaires, pour convois extraordinaires et celles faites directement par les gardes.

Le nombre de voyageurs-kilomètres a été :

première classe, à 5 cents 4,604,006
deuxième » » 4 » 4,960,755
troisième » » 2¹/₂ » 19,770,984

Total. . . 29,335,725

Le produit moyen du voyageur-kilomètre est de fl. 0,05146.

Le parcours total est égal à celui de 347,209 voyageurs transportés à la distance entière.

Les recettes du chemin de fer Hollandais pour bagages, grosses et petites marchandises, équipages, chevaux et bestiaux se sont élevées à fl. 185,471, — soit à fl. 2171 par kilomètre.

Le chemin de fer Rhénan a un longueur de 175 kilomètres.

Le nombre de voyageurs-kilomètres a été, en 1856/57 comme suit :

première classe, à 5 cents 5,174,405
deuxième » » 4 » 6,123,765
troisième » » 2¹/₂ » 23,057,524

Total. . . 34,355,692 ou

196,518 voyageurs transportés à la distance entière.

Les recettes du service des voyageurs ont été, non compris les transports militaires, les prisonniers et les recettes faites par les gardes, de fl. 1,080,108.

Le produit moyen par voyageur-kilomètre a été de fl. 0,03145.

Le transport des marchandises, bagages, chevaux, bestiaux et équipages a produit fl. 546,752,— soit fl. 1981 par kilomètre.

En supposant maintenant que le nombre de voyageurs, rapporté à la distance entière, soit, sur les lignes dont nous nous occupons, non pas de 547,209, comme sur le chemin de fer Hollandais, ou de 196,518, comme sur le chemin de fer Rhénan, mais seulement de 80,000; en supposant aussi que l'on ait pris des mesures, et notamment par l'adoption de tarifs raisonnablement rémunérateurs, pour porter le produit moyen du voyageur–kilomètre à 4 cents ; nous trouvons que, — les recettes des marchandises ne s'élevassent-elles, comme au chemin de fer Hollandais, qu'à fl. 2171 ou même, comme au chemin de fer Rhénan, qu'à fl. 1981, — on obtiendrait encore un produit kilométrique supérieur à fl. 5000.

Ce produit serait, dans la première hypothèse, de fl. 5572; dans la seconde, de fl. 5181.

Je crois donc que le chiffre de fl. 5000 peut être admis, en toute sécurité, comme un minimum du produit brut moyen, pendant la première année après l'ouverture des lignes.

Un mot encore concernant la subvention à donner par le trésor pour ramener la dépense moyenne de premier établissement à fl. 100,000, par kilomètre.

Cette subvention ne doit pas, selon moi, être accordée à titre définitif. Le trésor public intervient parce que la quotité de la dépense n'est pas en rapport avec le revenu probable des premières années; mais n'est-il pas raisonnable, n'est-il pas juste, que le public soit remboursé des avances qu'il aura faites en faveur d'une entreprise privée, lorsque les bénéfices de cette entreprise dépasseront le taux de l'intérêt industriel? Il est vrai qu'en France le chiffre des subventions accordées, à titre définitif, s'élève à six ou sept cent millions de francs; mais il ne faut pas oublier que ces subventions ne sont que la compensation, souvent insuffisante, de charges fort lourdes imposées aux compagnies, de l'obligation, par exemple, de construire des lignes ou des embranchements trop improductifs pour être l'objet d'aucune spéculation privée. Ce n'est pas à cette fin, que le système de subventions serait appliqué ici; le moyen ne serait pas employé pour faire entreprendre des lignes manifestement mauvaises, mais seulement pour augmenter les chances de succès de l'entreprise, pour permettre aux actionnaires de jouir plus tôt de bénéfices raisonnables. Le bon sens indique que, quand ce résultat est obtenu, l'Etat ne doit pas rester plus longtemps à découvert de ses avances.

Outre cette considération, il y a une autre qui doit engager l'Etat à stipuler le remboursement du montant de sa subvention, c'est l'influence que cette obligation ne manquera pas d'avoir sur les dépenses d'établissement des lignes, le frein qu'elle mettra à la prodigalité : l'énergique aiguillon de l'intérêt conduira assurément la compagnie à éviter des dépenses condamnées par une économie bien entendue.

Mon avis est donc qu'il, convient d'arrêter, que la subvention donnée par l'Etat aura le caractère d'un prêt, remboursable, sans intérêt, par un partage, dans des proportions déterminées, de l'excédant des revenus nets, au-delà de tant pour cent, entre le trésor et les actionnaires. Ce partage cessera aussitôt que le trésor aura été complétement remboursé.

Je termine ici. Je pourrais prolonger bien davantage cette lettre déjà longue; car je n'ai qu'effleuré les nombreuses questions que l'établissement des chemins de fer soulève; mais ce que j'ai dit suffira pour faire connaître à Votre Excellence mes idées sur la forme dans laquelle il convient d'agir, et sur les mesures qu'il convient de prendre.

J'ai inscrit en tête de mon travail, comme épigraphe, l'avertissement de M. Daru: «Qui veut faire de grandes choses ne doit pas redouter de grandes résolutions, et s'effrayer de grands sacrifices.» Le dirai-je? Arrivé à la fin de ma lettre, je trouve la sentence peu appropriée à la situation. L'accomplissement de l'œuvre exigera, certes, de grandes résolutions; mais elle ne demandera pas de grands sacrifices.

Le fonds de dix millions, dont vous proposez la création, sera, avec les intérêts qu'il produira, plus que suffisant pour doter le pays d'un système complet de chemins de fer. Il permettra de relever la confiance par l'application de la garantie d'intérêt; il permettra de mettre la dépense primitive, à fournir par les associés, en rapport avec les recettes qu'ils obtiendront probablement après quelques années d'exploitation, et il laissera un excédant assez grand pour venir en aide au chemin de fer de Flessingue.

Agréez, je vous prie, Monsieur le Ministre, l'assurance de ma respectueuse considération.

La Haye, octobre 1857.   DE BROUWER DE HOGENDORP.

www.ingramcontent.com/pod-product-compliance
Ingram Content Group UK Ltd.
Pitfield, Milton Keynes, MK11 3LW, UK
UKHW020009080726
13614UKWH00003B/1305